JN123814

これからの
政策と経営

危機の時代を希望の未来へ

東京大学名誉教授・鎌倉女子大学教授

山本　清

公人の友社

目　次

第二部　経営（政策実現への資源の管理）

まえがき

　我々は新型コロナウィルス感染症の流行により社会経済生活に深刻な影響を受けています。同時に、ロシアのウクライナ侵攻による国際安全保障環境の変化による物価高騰・エネルギー・防衛力のあり方や温室効果ガスによる気候変動及び地球規模の人口変化（先進国での人口減少、途上国等での人口増加）の問題に直面しています。そのため、現在は百年に一度の危機だと言われています。しかし、地球環境や人口減少あるいは感染症への対処にしても以前から警告が発せられていたものですし、特に人口減は確実な予測がされていました。海外にエネルギー・食料などを依存してきた我が国において想定されるリスク対策は極めて重要ですが、防災や景気対策等の当面の政策に政治や国民の関心が集まっていたことは否定できません。より深刻なリスクや危機への政策対応が遅れていた、あるいは検討がなされていても政策の実施に至っていなかったといえます。

　本書では、かかる状況下で国や自治体はどうすれば当面の課題だけでなく本質的な中長期の課題に対応できるようになるか、また、いかに政策を本来の効果がでるように、かつ、効率的に実施していくかについて考えていきます。そのなかで、今日のように政策が後手に回ったり、政策の実施が想定されるような結果をあげないのはなぜかについても検討します。

　これまでの類書は、政策や行政あるいは公共経営の理論や制度面あるいは実務面に焦点をおいたものが中心でした。本書では、政策と経営の両方が社会問題解決には不可欠であることから、同時に扱い理論面のみならず具体的な例で政策の過程や実施の方策について扱います。現実にも自治体の多くで「政策経営部」という部署名が使用されていますし、当方も前の勤務先は「大学経営・政策コース」という名称でした。このことは、実際には政策と経営

が密接不可分であることを物語っています。

　やや無理ともいえる本著での試みを可能にしたのは、当方のこれまでの経験と蓄積が貢献していると思います。大学の工学部を卒業して、財政監督の仕事（事務官）につき、途中で道路調査・計画の現場（技官）に出向し、会計及び税務の国家資格を取得し、元の職場に復帰してから、学界に転じて（教官そして教員）政府の経営・大学の経営を研究しています。異なる専門領域と職務を経験し行政の現場を体験・観察することで、研究者と実務者及び一国民としての視点で多様な政策・経営を分析できることが他の研究者にない特徴であり、本書の魅力になっていると思います。

　第一部は「政策」を第二部は「経営」を扱っていますが、どちらを先に読んでいただいても理解できるようになっています。具体事例の多くは当方が実際に分析してきたものですので、より的確な説明ができていると考えます。

　大学・大学院での行政学や公共政策学の講義やゼミでのご利用のほか、政治家・公務員・研究者そして一般市民の皆様が社会的な課題に直面した時に、気軽に参考になる部分を読んでいただければ、きっと解決のヒントが生まれるように工夫しています。

序章：政策と経営における政治・行政・市民

現代社会の問題と政策

　我が国では少子化の進行と経済成長の伸び悩みから社会経済システムの再生が叫ばれながら、バブル崩壊（1991 ～ 1993 年）後の「失われた 10 年」をはるかに超え 30 年を迎えています。2020 年からのコロナ禍に加えロシアのウクライナ侵攻などの国際情勢・世界経済の不安定化は、今まで想定していなかった政治経済の課題、つまりエネルギー確保や安全保障のあり方の再考を求めています。また、これまでの人口減少や地球規模の温暖化対策の推進とどのように両立させるかの新たな問題を突き付けています。

　少子化は先進国での共通課題ですが、我が国は欧米に比しても低い出生率となっています。人口対策、生産性向上、財政再建、年金・介護などの社会保障の他、地域の生活維持や道路・水道などのインフラ更新さらには過度の都市集中によるリスク対策が国内的に求められています。人口減少は確実に予測される未来であり逃げることができない問題です。根拠なき楽観的予測に基づく問題解決の先延ばしは、より深刻な状況を招きます。

　こうした課題は、各国と共通するものも多く、たとえば米国の議会附属の独立調査機関である会計検査院（Government Accountability Office; GAO）が最近の報告書（GAO, 2022）であげた 12 項目は、安全保障、持続可能性、科学技術及び幸福（Well-Being）の 4 領域に集約できます。確かにこのうち前 2 者は国際間または長期的な課題ですが、後 2 者は国民経済と生活に密接に関連する課題です。身近な国民生活の質の向上と発展を図るにはその基盤となる制度の整備と適切な運用が必要です。具体的には、問題を解決するため政

9

策を的確にデザインすること及びその政策を確実かつ効率的に実施していく経営が制度として重要になります。問題の解が既に他の先進国などにあった高度成長期には、何をするか、どうしたら問題が解けるかの政策よりも、解を早く確実に実行する経営が優先されました。経済成長に伴う税収増を支えに我が国の官僚機構が政策遂行を担いました。その後、中央省庁改革により行政機関に替わる政治主導や政治のリーダーシップの発揮による創造的・効果的な政策立案やイノベーションが期待されています。だが、具体的な方法論にいたっておらず、官邸主導の会議が中心の状況です。

　少子化や地球環境等の課題に危機の認識は科学的になしえても、いかにして出生率を人口維持の 2.1（あるいは希望出生率の 1.8）にするか、気温の上昇を 1.5 度 C に抑えるかの具体性ある政策や実行解（財源や社会生活への影響を考慮した）が必要です。しかし、政治・行政・学界とも打ち出せず、他国の成功事例も環境や条件の違いなどからそのまま適用しても問題解決になりません。なによりも、少子化にかかる婚姻や出産は個々人の意識や行動あるいは社会規範に依存する側面が大きく、政府の経済的支援や新たな組織設置（多くの自治体で子育て支援の部局が設置されています）等の従来政策の効果は限定的です。静かにかつ確実に進行する人口減少や温暖化は、生活習慣病と同じく短期的には問題を感じにくい反面、中長期的には甚大な影響を与えます。その意味で一刻も早い効果的な政策の検討、開発及び立案実施体制の確立、そして国民的議論と合意が待たれています。

　ただし、問題構造の特定化は、少子化をどうとらえるかによっても変わってきます。過疎化により祭りなど地域社会活動の存続・維持が困難になる地域政策の課題とみるのか、人口減で経済成長が低下する経済問題か、税収等の減少で年金などの社会保障やインフラの維持経費が賄えない財政問題か、あるいは働く世代が減少するなか生産性の向上をどう図るか産業・労働政策の課題か、科学技術やスポーツあるいは芸術面で人口・資源の制約から全分野の活動を実施できなくなる政策内での優先度の問題か、により、解決策も政策の範囲も異なってきます。近年は EBPM（Evidence Based Policy Making）

として「証拠に基づく政策形成」が打ち出されていますが、少子化などの有効な対策や政策の証拠は未だ入手できていません。

　特に注意すべき点は、どこかの自治体が出生数増とか若者の転入者増に成功しても、それが別の自治体の出生数の減や転出増によるものならば全体では政策効果はなかったことになる点です。差し引き増減なしのゼロサムから全体で増加となるプラスサムになることが本当の政策効果です。全国に水平展開してどの自治体の状況も改善するのが優れた政策といえます。競争優位の企業の政策と政府の政策の違いです。

政策と経営

　他方、効果的な政策が既に存在している防災対策などは政策というより実施にかかる経営が重要です。もちろん財政制約から、何を優先するかの議論や同意は必要ですが。現下の新型コロナ感染症でも効果が確実で持続するワクチンや治療薬が開発されれば、いかに迅速に必要な人に接種するか、処方するかの実施と運営にかかる経営の課題になります。

　行政は経営意識がなく、企業経営の考え方を導入すれば多くの課題が解決するという意見があります。確かに 1990 年代から世界的に公的部門では企業経営と市場原理を活用した行政経営（New Public Management; NPM）がブームになり、政府の文書には主要成果指標（Key Performance Indicators; KPIs）やマネジメント・サイクル(Plan, Do, Check and Act; PDCA)あるいは最近ではアジャイル経営といった用語が使用されています。ここでは法令遵守や手続きでなく成果を重視することや住民を顧客とみる考え方と並びサービス供給での競争を促す市場原理や現場への権限移譲や裁量性付与の分権化が志向されています。納税などのサービス部門や国立病院や水道事業等で一定の効率化や質の改善効果が出ています。

　ただ NPM は個人的な功利主義の考え方（顧客志向）や市場原理を適用していることから、集合的な価値（公共の福祉）を尊重する民主主義とコンフリクトを生じるという批判があります。こうした側面を踏まえ、政府全

体の政策効果を高めること及び市民との協働を図るポスト NPM の考えも提唱されてきています。NPM 及びポスト NPM とも、伝統的な行政管理（Old Public Administration; OPA または Traditional Public Administration; TPA）において政府の政策の対象者の存在であった国民・住民を顧客（消費者）なり協働の関与者として扱い、市民を政策や実施に直接影響を与えるアクターとする点で経営と政策を連結する考え方といえます。顧客としての住民は（行政）サービスの質につき供給者（行政や委託業者など）に個々人の満足度で意見を表明できますし、市民は政策形成や政策執行に関与することで政策の方向性や内容に集合的あるいは代表としてコミットすることができるからです。

　それでも経営だけで政策課題が解決できないことは、保育の無償化を進め、保育所を整備し定員を拡大すれば、待機児童は減少（2021 年 4 月には 8 割超の自治体で待機児童は解消、2017 年度から 4 年間で待機児童は約 1/5、2022 年 4 月にはゼロ歳児の定員未充足が約 5 割の認可保育所で生じています）しても出生率の上昇につながっていない（5 年間低下）ことから明らかです。カネ（施設及び人員増の財源）とヒト（保育士の増員）及びモノ（保育所整備）の資源管理だけでなく、その組み合わせと（潜在）子育て世帯がどう政策を理解し反応するかの分析とデザインが重要になります。子育て自体の人生での意義や豊かな経験の価値を認識し、子育て負担を軽減することで、子どもを産み育てる意識を高め行動につながっているかどうかです。政策効果の発現プロセスの一つとして保育所のマネジメントが担っている役割認識が必要です。

　審議や検討の時間制約からすべての政策について政策形成（デザイン）・決定・執行（実施）・評価・見直しの政策過程モデルを完結するのは不可能で、かつ、非合理的です。実際は、上記のうち少子化や温暖化対策などの問題の構造が不明確な厄介で重要な問題について政策過程（全部）を科学的・民主的に行うこと（政策）になります。さらに、多くの構造化された、あるいは定常的な政策については、執行からモニタリングを経て決定に至る過程（政策過程の一部）を確認して繰り返す（経営）を分担実施することになります。

　その意味で、多くの研究書や実務書にある政策過程におけるフルスペック

の実施（EBPM を含め）も政策目標を所与としたパブリック・マネジメントの強化論も重すぎる制度設計あるいは希望的観察に基づく議論といえます。

　本著では、図序 –1 に示す基本的な政策と経営の関係モデルにしたがい、いかに問題を認識し解決するか、民主的かつ効果的・効率的な政策の実施をいかに実現するか事例を交え現状の課題と克服策について検討します。

図序 -1　政策と経営の関係モデル

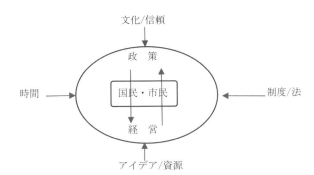

市民と政策及び経営

　このモデルでは、政策・経営の主体は国民・市民と位置づけます。多くの悪構造（問題の構造が不明なり不確定）や厄介な問題（wicked problems）の解決は国民・市民の行動に依存していますし、何よりも民主制国家では主権者であるからです。公共政策や行政学の教科書には、政府を中心として政策立案や実施に関する体系や説明がなされています。しかし、政府の政策能力や経営力を高めるにせよ、直接の公権力の行使で国民・市民に特定の行動を強いることは、専制主義なら可能ですが、民主制下では不適切です。政策や経営の作用を受ける主権者の理解や同意を得ることが必要であり、そのことが政策効果を高めることになります。

　政策が経営に影響を与えるのは経営の枠組みを規定するから当然ですが、経営が政策に影響するのはなぜかと思う方もおられるかもしれません。これ

は、経営モデル（後述する OPA, NPM 及びポスト NPM の 3 モデル）により国民・市民と政府の関係を異なって認識するからです。具体的には、国民・市民はそれぞれ政府に「従う」、「反応する」及び「相互協力・連携する」アクターとみなされます。前述した温暖化政策では、政策はこのアクター特性に応じてそれぞれ強制策、経済誘因策、協働策を採用することになります。もちろん、強制策といっても民主制下では憲法や法律の範囲内であり、罰金などを課す程度にとどまり、場合によると努力義務や勧奨策になるかもしれません。国民は誘因やナッジ[1]（そっと押す）により温暖化政策に関与する・協力する行動をとるとみなすならば、経済誘因の政策設計が重要になります。また、国民・市民が政策の理解や重要性を理解すれば積極的に政府と協働して温室効果ガス排出削減に取り組むことになりますから、広報や学習促進が重要になります。

　また、時間が短いか長いか、緊急（災害復旧やコロナなど）か長期（温暖化など）かにより、政策や経営が手段・方法的に変わってきます。緊急で短時間で政策執行をする場合には、事前に取るべき政策や実施方策について検討していた場合にはそれを速やかに実施することが有用です。しかし、緊急性があるものの事前に想定してなかった事態が発生した場合には、最善でなくとも可能な政策を決定し、即実施することが望まれます。長期に実施期間が及ぶ場合には、実施しながら見直し修正する柔軟な姿勢が必要です。

　さらに、政策も経営も国民性や文化及び政府への信頼度によって影響を受けます。同調性圧力が強い日本社会ではロックダウン（都市封鎖）をしなくても政府の推奨するマスク着用や外出自粛を多くの人が遵守しました。これは元々マスク着用習慣があったことや個性的な行動が抑制されてきた国民文化を考慮して、実効性がある政策と政府も判断したのかもしれません。実力主義の人事制度は官民問わず推奨されていますが、我が国の公的分野で若手

1　ナッジ（nudge）とは行動科学の知見を応用して望ましい行動を取れるよう人を後押しすることである。リチャード・セイラーがノーベル経済学賞を受賞して注目され利用が盛んになった。邦訳書にセイラーとサンスティンの『実践　行動経済学』（2009 年 , 日経 BP）がある。

が抜擢されて事務方のトップになったという話はほとんど聞きません。国家公務員の総合職試験合格者からの採用者はキャリア組といわれ比較的早く昇格します。しかしながら、戦後直後は40代後半[2]で事務次官になっていたのが今では60歳前後でかえって遅くなっています。試験区分と年齢の二大要素で昇進が決まる慣行は容易に変わらないようで人事制度の改革の難しさを象徴しています。

　より強い政策や経営の制約として、憲法や法制度があります。同性婚を認めるには憲法上合憲であることを示すのが有効です。しかし、裁判所で同性婚を認めない制度は違法とはいえないという判決が出ると、それ以上政策的に展開するのが困難になります。

　最後にアイデアや資源が豊かか限定的かで政策手段が変わります。新しい政策や経営手法は法制度の制約を乗り越えて画期的な考え方で生まれることがあります。制約から解放されるということで国家戦略特区などの特区制度を活用することは一つの方策です。現実に特区制度を利用して株式会社立の大学も設置されています。また、自治体は財政力があれば、国の補助金等に依存せず、自己財源で新たな政策や経営手法を導入することが可能です。

本書のアプローチ：政策と経営の統合

　このように公共政策学と公共経営学は個別に機能するのは難しいし、理論的にも相互に依存しています。そこで本著では政策と経営を関連させて扱うことにします。国際学会等で会う多くの研究者の専攻はPublic policy and managementとなっています。この定義は対象領域を示すものですから、いかなる知識・概念枠組みを使用するかが公共政策や公共経営をめぐり議論となります。政治学や行政学とどう異なるのか、何が独自領域かです。ここでは、「社会問題について、市民や政府などが実現する価値に関する合意の下で資源制約のなかで、いかに活動して問題解決をしていくかの過程と手法を

2　たとえば佐藤栄作（1901〜1975）はもともと鉄道官僚であり戦後まもなく46歳で運輸事務次官になり、その後政界に入り総理大臣を務めている。

扱う」ものと内容を定義しておきます。

　したがって、関連学問は上記問いに答えるものはすべてということになります。実際、政治学と経済学では理論研究で本人・代理人関係のエージェンシー理論やゲーム論が多用されていますし、行動経済学の考え方は行政学や経営学にも影響を与えています。もちろん、従来からの管理科学や統計学あるいはシステム論や社会工学は問題解決の基本用具です。なお、政策のうちには国際関係・外交にかかるものもあります。これは世界的な問題や国家間の利害対立について、問題解決を図ろうとするものです。市民間の対立というより国家間の価値と利害をめぐる争いですので、国家と国際機関の役割が国内の問題よりも卓越します。民主主義国家でない国家を含めた国際間の交渉となります。

　以上のような考えから、本書では、まず第1章で政策が生まれ、修正・廃止される政策過程モデルを概説します。この過程を理解することで、どうして既往政策がなかなか廃止されずに継続しているか、新規政策が採用されにくいかを説明します。

　次に第2章では政策過程モデルの最初に当たる問題が政策課題として認識され政策案が検討される段階を説明します。突如ある政策（高等教育の無償化など）が検討されるのはどういう場合か、なぜかについても述べます。

　第3章では、政策の決定として公共の福祉を最大化する合理的なものが選択されるとは限らないこと、むしろ代替的な方法による決定にならざるを得ないことが説明されます。決定された政策がその通り実施されるとは限らず、良い政策が悪い結果をもたらすこともあります。

　第4章は実施の現場がどういう判断や活動をするかについて解説します。

　そして、第5章は政策過程モデルの最後に当たる評価を扱います。事前事後の評価がありますが、どうして公共政策で事後的な評価が軽視しがちになるのか、いかなる対応策があるかにつき検討します。

　第6章から第10章は経営にかかる章です。政策を主として資源管理の側面から扱っており、第6章では政策過程において使用される資源管理の用具

をNATO（情報・権力・財源・組織）の概念から整理します。

　第7章は組織Oの観点からヒトの管理について、特に公的部門の特性を考慮して検討します。また、独立行政法人化など様々な組織形態についても解説します。市場経済における交換取引でない行政サービスについて、どのように活動原資を調達し、経営を持続可能なものとして発展していくかは政府固有の経営課題です。税の賦課徴収と配分・使用の関係につき整理したのがT（財源）にかかる第8章です。

　第9章はN（情報）とA（権力）にかかる部分であり公権力の行使だけでなくソフトな活動誘導やデジタル化などを扱います。NATOは政府を中心に資源管理を行おうとする枠組みですが、地球環境などの複雑な問題解決には政府がコアになって指揮統制するというよりは関係するアクターが協働することが必要です。この観点から個々の市民や地域社会の政策や経営関与について考えます。

　最終章では新しい河川政策・経営である「流域治水」を題材にして、まとめと今後の課題を提示します。

第一部
政　策

第1章　政策の過程

1．政策の体系

　社会問題を解決するため、政策を打ち出して実施することが政府の役割とされます。本書を執筆時（2022年夏）には原油など輸入原材料の値上がりや円安により関係業者への補助金など予備費による経済対策が示されました。このことから的確な政策が必要とされ、効果的な政策体系が開発されれば問題が解決しそうに見えます。

　政策体系は政策、施策、事務事業の3層構造から構成され、多くの自治体でも基本構想の目標は政策、総合計画では施策と具体的な事業について定めています。

　図1-1は文部科学省の政策体系です。全体で11の政策からなり、1番目の政策は「新しい時代に向けた教育政策の推進」であり、その下に6個の施策が並んでいます。最初の「教育分野に関す

図1-1　文部科学省の政策体系（令和4年度概算要求における）

1．新しい時代に向けた教育政策の推進
　　1．教育分野に関する客観的根拠に基づく政策立案の推進
　　2．海外で学ぶ児童生徒に対する教育機能の強化
　　3．魅力ある教育人材の養成・確保
　　4．生涯を通じた学習機会の拡大
　　5．家庭・地域の教育力の向上
　　6．男女共同参画・共生社会の実現及び学校安全の推進

る客観的根拠に基づく政策立案の推進」を含め、いずれも政策実現に向けて推進することが期待されるものです。すると、こうした体系はどのような意味なり意義があるかということになります。

　政策は「施策、事務事業の上位概念として、体系的に問題を解決するシステムを構成するもの」、施策は「問題を解決する行政活動のまとまりやその方向性等を意味する」と定義されます（総務省,2021）。したがって、政策及び施策レベルでは抽象的なものであり、「公共の福祉」と同様、なかなか具体的な表現になりません。

　事務事業になると「具体的な行政活動を表現するもので・・・「事務」としては予算書に記載される具体的な行政活動を意味し、「事業」としては具体的な道路やダム建設、河川補修等が想定される」(同)とされ、活動や金額が具体化します。このため、政策の中身がわかるのは事務・事業レベルであり、予算の単位を構成し、議会審議や各課の要求や審査で中心になります。

　政策体系は意味がないわけでなく、大きな政策目標を達成するためどのような施策や事務事業で構成されているかを把握し整理することは、不足あるいは重複している施策や事務事業がないかを明らかにします。ただし、政策体系は目的・手段の連鎖から構成される側面と、既往の事務事業を基盤にボトムアップで施策・政策が形成される両面があることを理解しておく必要があります。全てをゼロから政策が形成され、事務事業レベルで予算化されることは、行政の継続性を勘案すると国や自治体がはじめて創設される場合を除きなく、既存の制度や政策を無視できないからです。

　政策体系は、ラスウェル（Lasswell, 1936）が述べたように、誰に対して、何を、いつ、どのように実施するか（Who Gets What When, How）、どの部局が責任をもって行うかを具体化する必要があるので、担当組織・予算・期間・活動内容を定めておかねばなりません。民主制では行政は議会や市民・国民に対して、議会の承認を得た政策や予算の執行につき説明責任（アカウンタビリティ）を負います。担当がだれか、何について責任を負うかを明確化しておく必要があります。我が国では行政（首長）が作成し議会審議・可

決を要する予算書は、歳入・歳出予算の様式が定まっています。たとえば、自治体の市町村では地方自治法施行規則で歳出予算は議決の科目の款・項が目的別に記載することを定めていますし、項以下の目、節で明細及び財源が述べられ、予算説明でどの部局（課）が担当かわかるようにしています。ただし、予算の目的を示すとされる款は議会費、総務費、土木費、教育費等ほぼ部局に相当する 14[3] に分かれていて、政策目的や計画目標の体系とは合っていません。

2．政策過程

2.1．政策過程モデル

合理的な線型モデル

　行政が政策として立案し実施するようになるには、いくつかの段階を経る必要があります。公共政策や政策科学の標準的な教科書（たとえば秋吉・伊藤・北山, 2020）には図 1-2 のうちアジェンダ設定から評価・廃止及び決定への

図 1-2　政策過程モデル

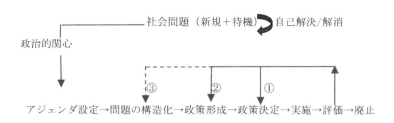

3　市町村では議会費、総務費、民生費、衛生費、労働費、農林水産費、商工費、土木費、消防費、教育費、災害復旧費、公債費、諸支出金、予備費の 14 に区分される。

図1-3　政策決定モデル

ラスウェル (1956)	ジョーンズ (1984)	ダン (2012)
情報	アジェンダ設定	問題の構造化
勧告	政策形成	予測
処方	実施	勧告
実施	予算	モニタリング
評価	評価	評価
廃止		

フィードバックに至る過程が政策過程として示されています。政策科学の創設者とされるラスウェル（Lasswell, 1956）の考え方を基本に政策過程論の進展を踏まえて Jones（1984）や Dunn（2012）の概念を参考にしたモデルといえます（図1-3に各モデルの比較を示す）。

　しかしながら、いずれのモデルも図1-2の下段の流れは国や自治体の政府（議会及び行政を含む広義の意味で使用します）という組織内部での意思決定と行動です。したがって、組織で問題と認識され検討されるには組織の外部から何らかの情報なり働きかけがあるはずです。地域や社会で起こっている問題のすべてが伝わる保証はありません。また、地域や社会の中で問題が解決されたり処理されることもあります。近隣騒音やゴミの不法投棄などの迷惑行為については、警察や行政への相談に至る前に町内会やマンション組合での話し合いで一定の自主ルールが策定されて問題解消になるケースも少なくありません。

　したがって、政策過程には上段の社会問題が地域内で自己解決したり環境変化などで問題が消滅（騒音発生者が引っ越すとか）して下段に至らない場合と、地域社会で解決せずまた広範な問題として政治的関心を引いて下段の政府での流れに移行する場合に区分されます。

　政治的関心を引く問題であっても政治家や行政における政策課題と認識されるには、2章で詳述する一定の要件が必要です。非常に個人的な私的領域問題（景観条例などに適合した建築物で自宅にするか借家にするか）とか、多くの人にかかわる問題でも重要性や公共性が低い（若干変わった格好で公

道をジョッギングをしている人がいるという情報）と判断されると下の過程には到達できません。到達したものが「アジェンダ設定」として政策課題として認識されエントリーされることになります。課題・問題として認識されるということは、意思決定理論やOR（オペレーション・リサーチ）で説明されるように、現状が理想とされる状態とギャップがあることになります。もっとも、理想は個々人によって異なり価値観を反映します。したがって、現状が望ましくないことにつき同意があっても、そのギャップの程度は違うことになります。このギャップが認識され政府としての対応が必要とみなされると、問題がどのような背景なり構造（何が原因になっているか）かを検討し確定する「問題の構造化」の段階に至ります。

　この作業がうまくいけば、何を政策として実施すれば理想の状態に近づけるか、いかなる方策を講じることがより効果的でかつ効率的かを代替案を含め検討する「政策形成」をすることになります。政府としての政策案が確定すれば、それを議会で審議して修正・承認する「政策決定」の段階に進みます。すると、その決定を受けて政策の執行が行政としてなされ「実施」されます。

　問題の構造化に沿って策定された政策は、実際に想定した通りのギャップを埋める効果を発揮するか事後的にわかるので「評価」することが重要です。その結果、全く効果がないか、完全に問題が解消すれば政策は「廃止」され、不十分だったり、政策出動がないとギャップが埋まらない場合などには継続するためフィードバックされ「決定」過程を経て次の「実施」を迎えることになります。システム論でいえば、この過程は線形モデルにフィードバックがひとつ加わったものと定義できます。

　一連の過程は、意思決定論が教えるような流れで合理的かつ客観的な印象を与えます。サイモン（Simon, 1947）の意思決定論では、問題の認識、代替案の探索、代替案の評価、代替案の選択、実行、フィードバックとなっており、それぞれ上の問題の構造化、政策形成、政策決定、実施、評価に対応します。また、宮川（2010）も、情報が決定に変換される過程（意思決定）と決定が行動に変換される過程（実施）、さらに行動が情報に変換・フィードバッ

クされる過程（報
告）から構成される
（要約したモデルは図
1-4）としています。

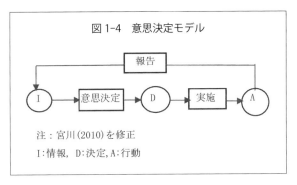

図1-4　意思決定モデル

注：宮川 (2010) を修正
I：情報，D：決定，A：行動

　ただし、公共政策
や政府の意思決定で
は、前述したように
組織の外部から作用
があり、問題の定義・認識自体が企業の利益尺度のような共通の統一基準で
把握できません。さらに組織内部での各過程での主要なアクターが政治家、
行政官、民間事業者と異なります。そのことは問題の認識から実施まで、ま
た、実施から政策目的を達成したかの評価に時間を要する可能性があること、
といった特徴を示すことになります。

　政治的関心を持つのは第一に政治家ですが、官僚機構も日常的な行政活動
（広報公聴や調査）をする中で課題をいち早く把握し、与野党の政治家から
検討や指示を受ける前に対策を組織的にします。政策案の検討には、近年の
政治主導で政治家の直接関与は当然のこと、世界的にシンクタンクや民間コ
ンサルタントの支援を受けることが増大しています（Saint-Martin, 1998）。

　官僚機構は、なによりも実施に関しては政治主導下でも主導権があり、実
施に関しては最大の権限と裁量を有しています。実施の細部は議会の議決が
必要な法律や内閣が定める政令でなく大臣の施行規則や内部の事務連絡で決
められるからです。企業への補助金の目的が障がい者雇用の促進であるとか、
成果に応じた配分が法令で謳われていても、実際にどのような企業が受給資
格を得るか、成果を何で測定するかは施行規則や補助要綱などで策定される
からです。自治体の場合は、議会で制定する条例と首長の定める規則の関係
が相当します。もちろん、政治家が個別の政策実施過程に介入することはあ
ります。

不完全なモデル：現実

　また、問題の構造や目標自体が不明確であるものの、社会的問題の大きさ
や政治的関心の強さから、意思決定論の順番にしたがった過程を経ることが
できないことも想定されます。その代表例は、我が国では人口減少を加速さ
せている少子化や最近では新型コロナウィルス感染症への対応です。いずれ
も、問題の構造は不明確なため根本的な対策として何が有効かはわかってい
ませんが、事態の悪化をそのままにしておくことは政治的に許されません。
したがって、問題の構造化が未確定のまま政策形成がされて決定・実施に移
されています。

　また、政策目的が達成されたかがわかるには時間がかかり、企業の売り上
げや利益のように活動に伴い早期に成果が把握できないことが公共政策の特
徴です。少子化ですぐ効果がでることは少なく子育て支援の保育所を何か所
整備したかなどの実施にかかる活動は把握できますが、その保育所整備が子
どもの出生数の増加につながったかは人口統計学が教えるように時間（10
〜 30 年）を要します。家庭の家族計画・意識や経済力などの他の要素も影
響します。このため、政治家の在任期間や選挙のサイクルを考慮すると、効
果の評価というより計画通りの実施がされたかのフィードバックに基づき次
の予算などの決定がなされ、継続実施がされるのが普通です。

　つまり、政策過程モデルの前提にある意思決定の段階を経ずに、あるいは、
飛ばしても政策が実施されたり、継続の決定がされる（せざるを得ない）の
が公共政策です。

　したがって、実施から評価を経て決定にフィードバック①されるだけでな
く、図 1-2 にある評価から政策形成へのフィードバック②、つまり、「政策
見直し」や評価から問題の構造化へフィードバック③される「構造の見直し」
を政策過程の制度（下段としての）に組み込んでおく必要があります。②は
政策の修正であり、③は政策の枠組みの変更であり、それぞれ組織における
シングル・ループ（同じ枠内）及びダブル・ループ[4]（違う枠内へ移行する）

としてのサイクルの完結といえます。

2.2.　政策過程モデルは実態を反映しているか？

厄介な問題への対処

公共政策で合理的な意思決定モデルの想定するように政策が展開するかについては、かねてから議論があります。地域社会で解決できない、あるいは市場経済ではうまく処理できないからこそ、政治関心になり政治的問題として認識されます。これは、公共政策ではリッテルとウェバー（Rittel and Webber, 1973）が指摘した「厄介な問題」（wicked problems）[5] といわれます。次の 10 の要件を満たす問題[6] です。

①問題の定義が難しく、明確な定式化がない。

②問題解決の終了規則（stopping rule）がない。いつ決定を下すかの基準がない。

③解は正しいか間違いかでなく、良いか悪いかである。

④解について迅速かつ究極のテストはない。

⑤解への試みは不可逆的（元の状態に戻せないこと）あるいは忘れられない効果を持つ。

⑥明確な解と思われるものも可能な一群の解でないかもしれない。

⑦すべての厄介な問題は基本的にユニークである。

⑧すべての厄介な問題は他の問題の症状であるかもしれない。

⑨厄介な問題には多くの説明がある。

⑩計画家（決定者）は間違うという権利がない。

4　アージリスとショーン（Argyris and Schön,1978）により提唱された組織学習の理論である。

5　似た用語にＶＵＣＡ（Volatility, Uncertainty, Complexity, Ambiguity の頭文字）がある。これは 1990 年代後半に軍事用語として生まれたもので先行きが不透明で将来予測が困難な状態をさす。Wicked が問題の構造に焦点を置くのに対し情勢認識に焦点を置いている点が異なるが共通性も多い。

6　もっともこの 10 の定義に完全に該当するものは少ないという公共政策専門家への調査もある。詳細は Peters and Tarpey（2019）参照。

　要約すれば、何が問題かを定義することが難しく、原因と結果が複雑で相互に関係しており、時間的にこの関係も変化するということです。問題は価値観を反映した理想と現状のギャップでしたが、理想自体が価値観や時代・環境によって変化します。このため問題解決は、価値観から離れることはできず科学的客観主義との調和が難しくなります。また、複雑系の特色からある対策をすると元に戻すことができない大きな変化を引き起こす[7]可能性があり、関与するアクター（人間以外の生物を含めて）が多く相互作用を勘案しなければならないことになります。

　超厄介な問題は、以上の 10 の要件に加えて以下の 4 点を追加したものです。

（1）（解決までの）時間が尽きそうである。

（2）問題を管理する中央の司令がないか、弱い中心がある（だけ）。

（3）問題を引き起こしているアクターが同時に解決者になるようである。

（4）将来が過大に割り引かれ現在の解があまり価値を持たない。

　超厄介な問題とは、時間的な制約が強く、誰が責任者か不明で、問題の当事者自身が解決者になり得るが、将来にわたる問題は現時点で小さく認識され現状の価値が重視される性向を言います。

　この典型例は地球環境にかかる温室効果ガス問題です。2050 年までに気温上昇を 1.5 度までにとどめないと生態系に不可逆的な影響を与えることが科学的に示されています。しかし、グローバルな課題であり、1.5 度にとどめるための排出ガスの実質ゼロをどのように実現するかの各国・各組織・国民の具体的な責任分担と方策は決まっていません。人間の活動自体が温室効果ガスの発生原因であり、地球での他の生物や資源に関して支配統制能力を

7　いわゆるバタフライ効果といわれるもの。1972 年に気象学者のエドワード・ローレンツ（Edward Lorenz）が講演で「ブラジルで一羽の蝶が舞うと米国のテキサスで竜巻を起こす」可能性を述べたことに始まるとされる。

有しているのは人間ですから、人類の行動をいかに律するかが基本になります。途上国の先進国並みの生活をするためのエネルギー消費の権利を認めつつ、将来世代の課題として現下のロシアのウクライナ侵攻によるエネルギー危機があります。このため環境対策が欧州等で一時的に後退していますが、これは将来の価値の割引が大きいからです。人は現在の価値を高めに評価しますが、将来の価値は大幅に割り引かれ低い評価になる傾向があります。

　（超）厄介な問題では、意思決定論の示す問題の構造化は、問題自体の定義が困難なことから不可能です。したがって、アジェンダ設定から政策形成・決定まで一気に進むか、他国・自治体などでの「先行事例」・「成功事例」を参考に、政策が実施して政治的関心に応え、問題に対処することになります。重大な問題について対策をしない政治的選択はないからです。フランスで出生率を子育て支援への手厚い財政支援により回復されたという情報を得て、子育て予算増や担当庁が設置されます。しかし、その政策が我が国の少子化の構造を分析して効果的になる因果推定ができたわけではありません。

政策過程の逆転モデル？

　ピーターズ（Peters,2015）は、政策過程モデルは段階に区分したものであって過程としての論理（どのように結びついているか）が存在しない、どの段階からも始まる、と指摘しています。また、ボブロウとドライゼク（Bobrow and Dryzek, 1987）は、政策過程を常に政策を修正して進行している循環的なプロセスと定義しています。実際、パルンボとナクミアス（Palumbo and Nachmias, 1983）も実務家や政治家は、まず行動・決定し、あとで正当化する理由をさがすことがしばしばあるとし、反対の政策過程のサイクルがあることを述べています。同様の見解は、近年社会心理学からも主張され、ハイト（Haidt,2012）は政治的決定が直観・感情でなされ、理由付けは後から行われるとしており、まさに合理的な意思決定論とは逆の方向を示しています。

　政策決定の民主化という観点から、デレオンとデレオン（deLeon and deLeon,2002）は政策過程としてトップダウン（命令的）の政策から実施で

なく、ボトムアップ（民主的）の実施から政策へのアプローチを勧告しています。それは、実施の段階こそ政策が政府活動として市民と接触・相互作用する場になるからです。成果が生じる過程を経験し観察することで問題の構造化や政策形成に役立つ情報が得られ、政府と市民が政策分析の学習を共有できる点に価値を見出しています。同じ逆方向の過程ではありますが、理論的にそうあるべきとしている点で実態論とは違うアプローチです。

　なお、自治体の実務では独自政策でない限り、法令に基づく事業や国からの通知や補助金による事業が多いため、アジェンダ設定から政策形成の段階がないか、所与とされることも少なくありません。

　これが、自治体の政策形成能力の強化が叫ばれても経営論に傾いたり、総合計画では国の施策の行う法定受託事務より自主財源で行う政策を重視する背景となっています。

　ただし、政策と経営を考え実行する場合に留意すべき事項は、我々の暮らしている生活空間は過去や取り巻く環境によって制約を受けており、現在及び近い将来の問題に関して、自治体を含む政府は一定の対応をしているということです。ゼロから社会問題を認識して政府が政策対応をしていくとみなすことは更地に建物を新築する発想ですが、多くの社会問題は既に建物は立っていて内部や外部の環境変化などにどう対応するかの維持管理が実態です。認識していない問題や問題解決に至っていない、あるいは解決策が不明で対応に至っていないものも当然存在します。しかし、日常生活が営まれているということは、既往の問題につき定常的な行政サービスとして対応している部分が多いということです。窓口サービス、学校教育、社会福祉サービス、道路補修などは、ルーチン化・標準化された政策の執行をすることで公共の福祉を維持しています。したがって、国でも自治体でも政策の多くは継続的に実施してきたものであり、政策アジェンダの設定から政策決定の段階を毎年度経るものでもなく、経ることが必ずしも「合理的」なものでないということです。一定の問題解決実績を残している政策領域は、最適解でないにせよ、政策実施から評価を行い、政策決定へのフィードバックという流れ

の中で修正され改善されると考えてよいといえます。政策アジェンダ、政策形成、政策決定などの合理性の限界とそれの克服が公共政策や政策科学のテキストや研究で盛んに論じられています。これは、問題が定常かつ定型化された部分は研究関心を引かないことが少なからず影響しています。以降の説明でも多様な理論やモデルを用いて、政策過程や問題を解決する手法を説明しますが、それらはどのような環境なり条件で適用されるべきかに注意しなければなりません。

3．政策へのアプローチと認識論[8]

問題解決の手法とアプローチ

　近年我が国を含め証拠に基づく政策形成（Evidence Based Policy Making; EBPM）や科学的知見に基づく政策決定が強調されます。政府や自治体の基本方針あるいは総理・首長の会見などにしばしば出現する用語です。意思決定に際し、証拠や科学的根拠があることはもちろん望ましいことです。しかし、政策過程で整理したように、問題解決の処方箋である政策は、あるべき姿と実際のギャップを埋めるものですから、何をあるべきとみるか、及び実際の把握の仕方によって異なることに注意しておかねばなりません。

　問題はあるべき像の価値観を反映し、実際の事実も見る方向や観察する方法によって様々に認識されます。我々は知識や経験によって事実の認識を変えます。飛行機は空を飛ぶ人工的な乗物ということを学習したり実際に乗ることで認識します。石の破片らしきものをみたときに地質学や考古学の専門家は通常の人は無視しても、縄文時代の土器だと認識し収集したり保存します。

8　本節の記述はボブロウとドライチェク（1987）に依拠する部分が多い。ただし、批判や意見にわたる部分は筆者の見解である。

　公共政策を支える政策科学や政策分析は、厚生経済学やシステム科学に基づく最適解を見出す政策形成や決定を扱うことで生まれました。そして合理主義的・功利主義的な手法や政府の役割に関する見直し、さらには功利主義への批判や民主的な政策決定の高まりなどを受けて発展・進化してきました。

　問題解決の手法とアプローチの双方について、ボブロウとドライチェク（1987）は現実を解釈するフレームを言語、それを認識する観点（パースペクティブ）をメタ言語として表1-1のように整理しています。ここでは原著の枠組みを参考[9]にEBPMやPDCAの政策推進を政策分析全体のなかに位置づけて解説したいと思います。彼らが言語と区分する行は分析の手法、メタ言語の列は分析のアプローチ・手順を意味します。まず手法から概要を説明します。

　厚生経済学は活動による便益と費用の差の純便益が最大となる政策を選択して実施することを教え、費用便益分析がその代表です。道路事業等でどの路線がよいか、事業を実施すべきかを検討する際にも使用されています。も

表1-1　分析のアプローチと認識論

フレーム	実証主義	社会工学	折衷主義	弁論的	相対主義	同調主義	批判主義
厚生経済学	○	×	×		×	××	××
公共選択	○○	××	×		×	××	××
個人的社会構造論		○	○○	○	×	○	××
集団的社会構造論	××	××	○	○○		××	○○
楽観的情報処理		○○			×	××	
悲観的情報処理	××	○○		○	○○	○○	
政治哲学	××		○	○○		××	

注：○○：強い適合、○：弱い適合、×：弱い非適合、××：強い非適合、
ボブロウとドライツェク（1987:221）の表を修正

9　原著や邦訳に完全に準拠しない部分がある。理解可能性を重視して修正している部分があること、また、本文中に述べているように彼らの説に同意しない部分があることによる。

ちろん、費用や便益として政策の効果が金銭的価値で評価可能なことが前提になりますし、政策実施に関して大きな政治的対立がないことなどの条件が必要です。政策によって全体として純便益が大きくても、一部の人に大きな犠牲や費用を発生する場合には補償を支払い[10]、補償後の純便益がプラスならば有効な政策と判断されます。公共事業でのダム建設が典型例です。

　次の公共選択は、厚生経済学と同じく経済学の論理を政治経済システムに適用するものであり、関係するアクター（政治家、官僚、事業者、市民など）が自己の効用を最大化しようと活動することを仮定します。そのうえでどのような制度や統治機構・管理システムが望ましいかを提案します。大きな政府になるのを抑制するため憲法に財政規律の条項を設けたりする考え方や独立財政機関を設置して財政予測の前提や長期推計の信頼性を分析する制度提案などは、政府自体の行動を制度で縛ろうとするものです。ただし、この手法ではどうしても政府活動を制約・縮小する方向に作用するため、市場志向的な政策を重視する傾向になります。

　3番目の社会構造論は、社会学的な推論を公共政策に応用します。集団を構成する個人または集団を対象に政策を検討し、個人的資質yを変化させる環境変数eや政策変数pを見出そうとします。高等教育への進学率につき所得や家庭環境で大きな差があれば、それをより公平なものにするべく低所得家庭の教育費負担の軽減を図る政策を提案するなどです。具体的な方法には事例研究や世論調査あるいは統計解析など様々です。ここでは問題の構造が過度に複雑でないことや価値（この場合は高等教育進学機会の公平性）に関する一定の社会的合意が必要とされます。

　4番目の情報処理は、要約すれば公共政策を情報に基づく意思決定過程とみなす考え方です。情報は不完全で、コストを要する外、情報の処理能力に限界があることを「基本仮説」（邦訳書p99）とし、新しい情報を得てフィードバックすることで次第に意思決定が改善されるとします。その意味で我々

10　カルドア・ヒックス基準といわれるもの。

の仮定した政策過程モデル（線形の）に似たものといえます。もっとも、ボブロウとドライチェックは情報処理には楽観主義と悲観主義があり、前者は「理想的な政策過程とこれを達成する手段の発見に努力をそそぐ」のに対し後者は「現実に政策過程がどう機能しているのか」（邦訳書 p110）であるとします。具体的な方法には情報システムや OR、観察研究等あらゆるものが含まれます。両者とも、問題の構造がそれほど複雑でないこと及びフィードバックにより問題の解決に近づけるという前提が必要といえます。

　最後の 5 番目の政治哲学は、公共政策における政府の判断を「一種の道徳的判断」（邦訳書 p126）とみなします。安楽死や性差別などの政策において倫理的判断を示すため、価値判断をめぐる論点がある場合に有効な手法です。政治哲学には功利主義者とカント主義者がいます。功利主義に立つ場合には厚生経済学等の手法で計算可能な結果に基づく判断が可能ですが、道徳的権利にかかる行動（差別や搾取など）についてはカント主義が主に機能することになります。この分野で最も有名なロールズ（Rawls,1971）は、人は等しい最大限の基本的自由の権利を有する（第 1 原則）、社会的な格差は公正な機会の条件（公正原理）と最も不利な者にとっての利益を最大化する格差原理（第 2 原則）を提案しています。ロールズの正義論[11]では、天賦の才能や資質で富や資産を得ることは偶然の所産であり、社会の共同資産とみなされます。したがって、不利な状況にある人々の共通の利益のために利用すべき（格差原理）となります。持てる者から持たない者への所得と富の強制的な再分配をする福祉政策の正当性を理論づけます。これは最大多数の最大利益（善）を目指す功利主義批判として主張されています。多数者の享受する大きな利益のために少数者の犠牲があってもよいこと（補償原理）を否定するからです。ただし、具体的な政策形成を可能にするほどの技術的な手法ではありません。たとえば、持たない者の定義や境界、あるいはどの程度の再配分をするかなどに答えるものではないからです。

11　ロールズの正議論批判には、潜在能力に着目したセンによるものなどがある。

合理主義対相対主義

一方、メタ言語には、実証主義、社会工学、折衷主義、弁論主義、相対主義、同調主義、批判主義の 7 つが前著にはあげられています。これらは個人なり集団の効用を最大化する合理主義的（実証主義と社会工学）か、必ずしもそう考えない相対主義的（折衷主義から批判主義まで）かに大別できます。

実証主義は、因果関係を特定化した理論に基づき政策介入を提案し、実際の介入結果を理論仮説に照らして検証するものです。介入の結果 y を規定する要因 x が特定化され、さらに政策 p が x に与える影響が推計されることを前提にします。

また、社会工学は、明確な因果関係の理論がなくても問題に対する仮説的な解決策を実験的に適用し、仮説による結果との誤差を測定し、残された問題に対して二次的な解決策（最初の解決策を追加・修正した）を実験して仮説による結果と比較する、こうした実験を繰り返します。したがって、問題解決への漸新的アプローチといえ、フィードバックが重要な役割を果たします。

非（反）実証主義に区分される折衷主義は、複数のパラダイムに依拠して政策分析します。問題を複数の視点からみて解決策もそれらから着想を得ると述べると、まさに学際的アプローチと思われるかもしれません。提唱者は後述するフレーミング論のレイン（Rein, 1983）ですが、具体的には物語（ストーリーテリング）です。複数のパラダイムを使用することは論理的に対立・矛盾することを否定できませんので、政策分析をし政策案を提案できても決定の段階で説得的な判断材料を提示できない制約があります。

弁論主義は、特定のアプローチや政策に対する支持や反対の立論を弁護することで、どの主張が適切かを判断します。各アプローチは一定の価値観（功利主義とか公正・道徳主義など）に立脚していることからイデオロギーの合理性の検証をするためにチェックリストを利用します。政策論議の合理性には根拠づけの命題として、価値判断に基づく規範的命題（ロールズの 2 原則

など）と因果的命題（政策目標と要因の因果関係）及び道具的命題（政策介入による要因への作用）から構成されます（ハンブリック,1974）。各命題をチェックすることで弁論が可能になるというものです。弁論主義は政策のアプローチに価値観が含まれていることを踏まえ、部分的でも通約可能性（異なる概念間で対応付けをすること）を維持しようとします。一方、批判主義は各アプローチが価値観を反映したイデオロギーであるならば、通約不可能になり科学的にどれが優れているかの判断はできないと考えます。この見地に立つならば、政策分析や政策科学の有用性は極めて限定的で謙虚な役割を果たすべきということになります。

　同調主義は、価値観の違いから政策の判断ができない限界を踏まえ、政策分析では政策決定権限を有する価値観・イデオロギーに同調してアプローチや手法を選択するという考えです。確かにこの主義に立てば、複数のパラダイム間のコンフリクトも生じません。ただし、政策分析や政策科学を通じて政策形成や決定に関与する者の啓蒙や理解を深めることは期待できません。政策過程を通じた民主化の貢献には結びつかない側面があります。

　批判主義は、かかる価値観の対立やパラダイム間の矛盾を前提に政策論争で依拠している価値観や人間行動の前提の違いを明確化することで一致点をさぐろうとします（ダン,1982;フィッシャー,1980;フォレスター,1983など参照）。このため相互に対話できる工夫や、専門家と市民の間での情報の非対称性をなくす仲介者・通訳者の設置や市民参加の制度も必要です。討議に係る労力や時間を惜しまないことが要請されます。

4．政策過程と政策分析の関係

　分析のアプローチ（言語）と観点（メタ言語）で整理した結果から、本書で提示した政策過程モデルは、アプローチが情報処理を中心に部分的に厚生経済学と社会構造論を採用し、観点は実証主義及び社会工学あるいは同調主義（部分的に批判主義）の組み合わせと理解できます。EBPM はある政策を試験的に実施した場合に理論的に期待した成果が得られることを実験結果（証拠）で確認することで政策を本格実施するものです。情報処理と厚生経済学または実証主義の組み合わせです。また、政策のロジックモデルを作成して PDCA を回すのは、政策案の実施による結果を観察し、政策の修正を繰り返すことで所期の成果に近づこうとするもので情報処理と社会工学の組み合わせといえます。また、政策評価制度の以前から法令にしたがい実施されていた公共事業の費用便益分析による事前評価は、厚生経済学のアプローチと実証主義の観点（手順）の組み合わせです。

　これらの手法を政策過程で利用するには、アプローチと観点が以下の 4 条件に適合することが必要です。具体的には、①構造化の可能性が高いこと、つまり、価値の合意があり、問題構造の複雑性や不確実性が低いこと、②構造が安定的であること。政策当局と利害関係者及び当事者たる市民らとの関係や相互作用が動的に大きく変化しないこと、③統制可能性があること、政策関与により期待される成果を規定する要因に影響を与えられること、④フィードバックのポテンシャルがあること、ある程度の不確実性や変化があっても政策介入と環境及び成果の観察とその結果のフィードバックを通じて問題構造や政策の因果関係の特定化や解明に近づけること、です。

　たとえば、小学校での学級定員を 40 人から 30 人にする政策が教育力の向上を目的に提案される場合を考えてみましょう。ここでは、国際調査によ

る学力とか学習への関心が目標とする世界最高水準より低いことが問題という認識につき国民や政党間で合意が得られているとします。もし、学級規模が学力などの認知能力と関係があることが家庭環境や学校の立地などの条件を考慮しても実験的に確認できれば、実証主義により効果があることになります。明らかに学級規模は財政負担と教員を手当できれば政策介入として統制可能ですから、フィードバックで学級規模を小さくすることが他の政策に比しても効果が十分あることが立証されれば制度改正や予算拡大で政策実施をすることが望ましいことになります。

　しかし、成果を学力に限定すると学級規模と成績の関係は必ずしも明確になっていないのが現状です。また、学力以外の教育力を示す非認知能力（創造性や集団での協調性など）の測定は容易ではなく、成果が確定しない状況で要因の特定化は困難です。そうすると政策目的の合意があっても前述の4条件を満たさないことになります。実際の政策決定では、効果が確認されるだけでは不十分で、財源確保から緊急性や重要性あるいは効率性を裏付けることが要求されます。

　この例で説明されるように、政策分析が直接的に政策形成や政策決定に結び付く状況は実証分析や科学的手法が進展しても飛躍的に増えることは期待しにくいのです。だからといって、政策分析を放棄して政治家のイデオロギーや価値観に従った直観的な意思決定に委ねることは、政治的（民主的な意味で）にも経済的にも合理的ではありません。たとえば、実験すれば使用されないものを住民全員に防災用具として配布する政策は公平ですが、安全・安心にも寄与せず明らかに無駄です。確かに公共政策で科学的なアプローチが機能するのは、意思決定過程を情報処理に置きなおし、フィードバックを考慮した社会工学の観点から政策の分析と提案が可能な場合にとどまります。重要なことは、その限界を知ったうえで、政策分析は価値観やイデオロギーを明確に示し、政策案がどのような根拠と因果関係を想定し、どこまで検証しているかを理解して民主的討議に利用するという姿です。

5．地方創生総合戦略にみる政策過程モデル

地方創生の政策アプローチと認識論

　政策過程モデルはあくまでも理論的整理の枠組みですが、近年の我が国の政策は国・地方（都道府県及び市町村）を通じて政策目標を定量化してPDCA サイクルを廻し検証していくものとなっています。近年の典型例は地方創生にかかる「まち・ひと・しごと創生戦略」です。これは「まち・ひと・しごと創生法」（平成 26 年法律第 136 号）に基づき実施されるもので、地方の人口減少と東京への一極集中を改善するため、地方活性化について街づくり、人口・雇用・産業政策の総合的な展開を図るものです。国の創生総合戦略にもとづき都道府県及び市町村が地方創生戦略を作成し、第 1 期は 2015 ～ 2019 年度、第 2 期は 2020 ～ 2024 年度として実施されています。第 1 期の創生総合戦略には政策 5 原則が閣議決定されており、どのような考え方か理解できます。

　第 1 は自立性です。「施策の内容検討や実施において、問題となる事象の発生原因や構造的な背景を抽出し、これまでの施策についての課題を分析した上で、問題となっている事象への対症療法的な対応のみならず、問題発生の原因に対する取組を含んでいなければならない」としています。自立性という用語の使用の是非はともかく、問題の構造化と政策形成を行うことが述べられており、政策決定への個々の自治体の自立的な対応を求めており、政策過程モデルの前半をカバーしているといえます。

　次の将来性は、「地方が自主的かつ主体的に夢を持って前向きに取り組むことを支援する施策に重点を置く」とし、地方活性化への寄与を述べています。ただ、「夢を持って」は従来の総合計画や振興計画の一部にも見られた実現可能性よりも期待志向（希望的な）の側面も見受けられます。

　3番目の地域性は、「各地域は客観的データに基づき実状分析や将来予測を行い・・・創生総合戦略を策定する」とされています。したがって、客観的データに基づく分析と予測を求めており実状を基準に戦略を立てることで地域性を考慮するとしています。

　4番目は直接性です。「限られた財源や時間の中で、最大限の成果を上げるため、ひとの移転・しごとの創出やまちづくりを直接的に支援する施策を集中的に実施する」としています。換言すれば成果を効率的に実現することを求めており政策形成で政策案を選択・評価するときの基準ともいえます。

　最後の5番目は結果重視です。これは「効果検証の仕組みを伴わないバラマキ型の施策は採用せず、明確なPDCAメカニズムの下に、短期・中期の具体的な数値目標を設定し、政策効果を客観的な指標により検証し、必要な改善等を行う」ものです。ここでは、政策過程の実施と評価にかかる部分を指標でモニタリングしていくことが示されています。

　以上のことから、地方創生戦略における政策過程の選択としては、前述の政策分析の分類（表1-1）を参照すると、客観的なデータに基づく意思決定モデルを前提にしていることから楽観的な情報処理アプローチを採用していることがわかります。また、PDCAによるフィードバック（改善等）を採用していますので社会工学の観点に依拠した考え方といえます。

　目標や問題の定義が可能で合意が得られ、かつ、PDCAが年単位や5年単位で廻るのであれば、表1-1が示す通り組み合わせとしては適合的です。国で地方創生の大きな目的を地方の人口減少と東京への一極集中を抑えることと決定していますから、目標の定義には地方の価値観は入り込まない制度設計になっています。したがって、将来予測が適切に行われることを前提に、効果的な政策・施策が打ち出され、それがどの程度目標に貢献できるかを正確に推計できるかがこの戦略の成否を握っているといえます。また、地方創生戦略の策定検討会に有識者の他、住民の代表などが公募などで加わったり、策定案につきパブリックコメントを市民らから求めています。ただし、全般的には専門家と行政が戦略策定（政策形成）の中心を担っている点で、市民

参加による戦略という側面は低いと言えます。

　この点は、子ども・子育て支援法（平成24年法律第65号）により国・地方公共団体・事業者・国民の役割が位置づけられている子ども・子育て支援事業計画において、市町村は「市町村子ども・子育て支援事業計画を定め、又は変更しようとするときは、あらかじめ・・・より広く住民の意見を求めることそのたの住民の意見を反映させるために必要な措置を講ずるよう努めるものとする」の規定と比較すると明らかです。地方創生は社会工学モデルに沿った制度として構築されているといえますので、具体的な地方創生総合戦略で見てみましょう。

生駒市の例

　図1-5は生駒市の第2期地方創生総合戦略から抜粋し政策体系を要約したものです。国の人口減少抑制の目的に沿って、問題の構造を分析することで要因を特定化し、施策を構築し、どのようにして人口減少を抑制しようとするかを示しています。人口増減は自然増減と社会増減の和ですので、人口減少は出生率[12]の低迷、社会移動（転入と転出の差）の低迷に分けています。

　そして、前者の要因を「経済的な負担が大きい」、「育児と仕事との両立ができない」及び「年齢的な理由で難しい」こと、後者の要因を「就職に伴う転出の増加」と「30歳代の転入の鈍化」と整理しています。したがって、対策はこれら要因を除去あるいは低下させればよいわけですので、「子育て負担の軽減」、「働き盛り世代の経済力向上」、「職住近接の実現」及び「まちの魅力発信・シビックプライドの醸成」を図ることとし、3つの基本目標（「1.子育てしやすいまち」、「2.　働き盛り世代が希望の仕事をできるまち」、「3.働き盛り世代がすみたいまち」）を設けています。

　基本目標1と2は「出生率の向上」、2と3は「社会移動の均衡」に資すると期待され、「人口減少の抑制が実現できる」としています。概ね的確な

12　正確には出生数の減だが、出生率を高めれば長期的には人口増になる。

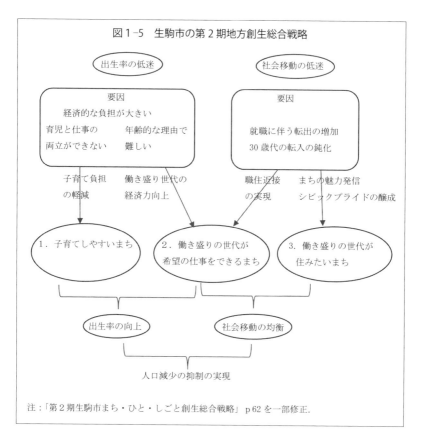

図1-5　生駒市の第2期地方創生総合戦略

注：「第2期生駒市まち・ひと・しごと創生総合戦略」p62を一部修正.

分析と思いますが、子育て負担の軽減対策に具体的な施策にあがっているの
は、子育て費が高いことへの対策というより一時的な出産費の軽減で、子育
て期間にかかる経費負担の軽減策は明示されていません。また、これら施策
を実施するとどうして合計特殊出生率が1.27から1.44に増加するかの推
計根拠は不明です。経済力向上には国の教育政策や雇用・経済政策も影響す
ることから、市町村の戦略は国の政策5原則の将来性にある「自主的かつ
主体的」な取組に限定されるかもしれません。そうであるならば、国・都道
府県と市町村がどのように分担・補完して人口減少に対応しようとするかの
全体の体系のなかで、市町村分を位置づけることが政策の戦略として必要で

す。なにより PDCA の検証をしようと思えば、基本目標がアウトカム志向で自治体の統制可能範囲を超えることになり、雇用や経済力等の成果（KPI）を市町村分の施策と対応させることは社会工学的にも不整合になります。

　地方創生戦略は従来の計画や政策パッケージに比べると、政策志向があり政策過程モデルとして合理主義的な性格を有しています。この点は高く評価されますが、政策分析における情報処理と社会工学の組み合わせという合理主義モデルの適用条件を満たさない点、また、資源計画（財源）の裏付けを欠く政策形成や政策決定になっている問題も有しています。次章以降でどのように克服していくか、他のアプローチはないか探っていきます。

第2章　アジェンダ設定から政策形成

1．アジェンダ設定

政策課題のリスト

　ある問題が政治的な課題（アジェンダ）になるには、公共政策における検討リストにまず入る必要があります。これには、社会問題から広く一般的に着目されて政策課題になる場合と、政治家や政策当局が大衆的な問題になる前に認識し検討リストになる場合があります。いずれにせよ、重要なことは社会問題が自動的に公共政策のアジェンダになるわけでなく、政府による政策的対応が必要と認識されねばなりません。先の政策過程モデルにおいて社会で自主的に解決される問題までも政府が関与すればリストはいくらあっても足りませんし、政府への要望は議会・議員・行政への請願・陳情などとして多く出されているからです。個別の交通事故多発箇所への信号設置や交差点改良などの要望は予算に比して多いため、政策課題として認識されても実施に至るには時間がかかります。法令や制度の新設や改変を伴う場合には議会審議を要するために具体的な政策形成としての課題解決の検討に進むには待ち行列が発生します。

　社会問題のインパクトや市民・国民での問題意識の強さや広がりが政策課題としての認識や優先度を決定するのは、限られた資源や時間のなかで政策形成や決定及び実施がなされるためです。もちろん、民主制では選挙を通じて公約としてアジェンダと解決策がセットとして設定されることあります。

実際、アジェンダ設定では政党や候補者の政策公約を時系列に分析して一般市民の関心と政策との関係を探る研究（Green-Pedersen and Walgrave, 2014）も盛んです。

　しかし、公共政策でアジェンダ設定に至る通常の流れは、一般市民での問題関心への政策的な課題としてのリスト計上です。いわゆる「公衆アジェンダ」から「政策アジェンダ」への移行です。東日本大震災による東京電力福島原子力発電所事故などの重大事件や少子化の進行、経済格差の拡大・いじめなどの社会指標・統計データの悪化、あるいは温室効果ガス効果による地球温暖化の進行で持続可能性が危ぶまれる状況の科学的予測による警告などが代表的なものです。

　これらの一般市民での問題認識はマスコミ（新聞や雑誌及び放送）報道を通じて拡大・強化され、議会審議で取り上げられることが多くなります。実際、アジェンダ研究で有名なボームガートナーとジョーンズ（Baumgartner and Jones, 1993）はマスメディア報道回数や公聴会での開催回数及びその際の内容が肯定的か否定的かなどを測定しています。確かに重大事故などが起こると国民的関心を引き政治的にも何らかの対応を求められます。時の政権や首長・執行部の政治的支持を維持する上で迅速な対応は重要だからです。近年では、マスコミを通じなくても個々人がSNSを通じた発信と拡散で個別の問題を社会一般の問題にすることも可能になってきました。特に若い世代（30代まで）は新聞やテレビなどの伝統的なマスコミを購読・視聴する比率が低い[13]ですから、事件報道や社会的現象をSNSやウェブを通じて知り情報交換しています。

SNSによる政策課題化
　したがって、公衆アジェンダは個別のSNSを通じて形成され、逆にその

13　（公財）新聞通信調査会「第13回メディアに関する全国世論調査（2020年）」によると新聞の購読率は30代で32.9%（全体では61.3%）である。また、テレビについてNHK放送文化研究所「2020年国民生活時間調査」によると、20～30代はテレビよりインタネットと動画の方が利用時間が長くなっている。

事実がマスコミで報道され、他の世代や一般国民の問題関心になることがあります。2016 年の「保育園落ちた日本死ね！！！」(2016.2.15) 匿名ブログは拡散され、国会質疑で取り上げられ、保育所の待機児童問題が政策アジェンダになって保育所整備が推進されたのはその象徴的な例です。30 歳代前半の女性の発信が Twitter とインタネットで広がったのは、同世代の関心事項でもあり、利用媒体が共通していたことも大きかったと思います。

　しかし、政策アジェンダには公衆アジェンダから移行するもの以外に、政策当局や政治家が実施したい政策案を通したいためにマスコミやインタネット、SNS などを利用して政策アジェンダから公衆アジェンダにし、それが政策アジェンダの上位・優先度の高いものにする場合もあります。さらに、圧力集団がキャンペーンあるいはロビー活動を通じて当該集団の追求するテーマを政府の政策課題に載せようとすることもあります。これは一部の医師会等の社会保険診療報酬の改定時の動き等を除くと一般に見えにくい形式で実施されます。このため、民主的統制という観点からは別の手段（透明化や規制）が必要です。

　個別政策では、伝統的に特定事業やプロジェクトを推進するため、政策当局や行政側が地元自治体や関係団体から陳情書や決議書の提出を受けて公衆アジェンダをより強固なものにすること [14] もあります。また、公約で政策アジェンダと政策案をかかげて当選したり政党が多数派になった場合には、一般市民・国民の支持を得たとして政策案の実施が推進しやすくなります。

　まだ一般市民・国民に知られていない問題だが今後重要な政策課題になるものを政策当局が先に発信して気運を高めたい政策課題（安全保障問題とか年金問題など）もあります。たとえば老後資金の不足から公的年金以外の資産形成の必要を提案した金融審議会の報告書 [15] は一定の合理性はありまし

14　個別政策の担当部局の戦略として陳情書や要望書を非公式に依頼し、予算要求の補強や妥当性の資料に使用することがある。

15　金融庁の金融審議会「市場ワーキング・グループ」が報告書「高齢社会における資産形成・管理」（令和元年 6 月 3 日）で夫婦 2 人（夫 65 歳、妻 60 歳を前提）の老後 30 年間での資金不足額が約 2000 万円になる試算を公表した。

たが、2千万円もの積立はないという一般国民からの反発で撤回されました。これは、政策アジェンダから公衆アジェンダへの移行に失敗した例といえます。成功例は菅政権の最初の所信表明演説での「2050年までの温室効果ガスの実質ゼロ」方針の表明でした。地球温暖化の科学的知見とマスコミでの危機的状況やエネルギー政策転換への好意的報道が政策アジェンダと公衆アジェンダの追い風として作用しました。

2．問題の構造化

問題の構造と要因

　アジェンダとして設定されると、政策形成の段階に入ります。そこでは政策課題の問題がどのような構造となっているか、つまり、問題の原因となっているのは何か、そのうち政府として介入できる、つまり、政策的に対応できるものと統制できない環境的なものは何かが特定される必要があります。そうでないと何をしてよいかが不明で政策案は作成できません。

　しかしながら、第1章で説明したように公共政策の問題には既に解法がわかり定常的な対応として政策が執行されているもの以外に、非定型的な厄介な問題があります。ここでは問題の定義も解法（政策案）も合意形成が困難です。少子化の対策として保育所整備は子育て支援にはなりますが、どれだけ出生数が増えるかは不明です。むしろ待機児童が少ない地域では出生数が減っている場合もあります。

　また、厄介な問題に該当しなくても、複雑な問題で、問題は何かの合意はできても解法につき一致しないこともあります。客観的な学力テスト結果から学力向上の必要につき合意が可能になっても、学級定員を減らすのがよいのか、ICTの活用か、あるいは教職員の待遇改善なのか、種々の対策がある場合が該当します。この場合は問題の構造と要因間の関係が明確になってい

ないためです。OR などを使用して最適解が導かれるのは問題の定義と解が一致する単純な問題の場合です。問題の定義と構造が明確ですから問題を解決することは、理想状態と現実との差をゼロにするかゼロに最も近づける方策（介入）を見い出すことになります。問題を定式化して操作可能な変数に目的と要因などを置きなおすことが条件として必要です。したがって、政策過程モデルの下段に相当する意思決定プロセスにある線形的な流れ（問題の特定化、データの収集と分析、解の形成、解の実行そして必要な場合にはフィードバック）は、単純な問題に適合するといえます。既に定常的対応で問題解決が可能なものは線形モデルでも後半の決定、実施、評価の過程になります。

　政策過程モデルにあるような推移で段階をおって問題から実施に至るのは新規で単純な問題への政策に限定されます。残りの複雑あるいは厄介な問題では、順番が逆だったり、途中の過程が飛ぶことになります。これは、複雑あるいは厄介な問題に向かうことができないということではありません。

　ロバーツ（Roberts,2000）は厄介な問題に対処する戦略を整理しています（図 2-1 参照）。問題解決の当事者の権力が分散しているか否か、競合しているか否かにより、区分しています。権力が分散していない、つまり、集中している場合には権威的（authoritative）戦略、分散しているが競合していない場合には協働的（collaborative）戦略、競合している場合には競争的（competitive）戦略を提唱しています。

　もちろん、表 2-1 に示すように、各戦略には利点と不利な点があります。権威的戦略は迅速かつ少人数で戦略が策定でき、専門家による客観的な解決策を採用できる反面、専門家は狭い範囲で問題解決を探しますし、誤ることもあり得ます。また、専門家以外が問題解決を通して学習する機会を失うことにもなります。競争的戦略は新しいアイデアなり解法を促し画期的な解決策が出てくる可能性がある一方で、複数の問題解決の方策が探求されるため結果として資源が浪費されて何も成果がないこともあり得ます。他方、協働的戦略も複数の解決策が検討されますが、当事者同士が何をしているかが相

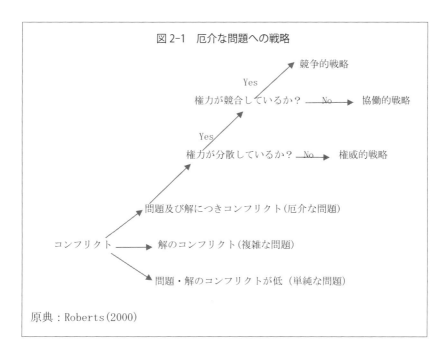

図 2-1　厄介な問題への戦略

競争的戦略

Yes

権力が競合しているか？　　No　　協働的戦略

Yes

権力が分散しているか？　No　　権威的戦略

問題及び解につきコンフリクト（厄介な問題）

コンフリクト　　　解のコンフリクト（複雑な問題）

問題・解のコンフリクトが低（単純な問題）

原典：Roberts（2000）

表 2-1　戦略の利点と欠点

	有利な点	不利な点
権威的戦略	・問題解決プロセスの複雑性を減少させる ・迅速かつ係争が少なく関与者が少数で解決 ・問題解決をより専門的かつ客観的にする	・専門家は誤り得る ・専門家は狭い範囲内で解決を探しがちである ・学習機会の喪失
競争的戦略	・新しいアイデアの探究を促す ・統治の「共有権力」 ・権力の制度化への挑戦	・紛争を引き起こし得る ・問題解決に使用される資源の消費 ・意思決定の遅れ
協働的戦略	・関与者全員にとってのパイを大きくする ・高額な技術開発費用と便益を分担する ・冗長性が省かれ効率性が達成	・取引費用の増加 ・利害関係者の増加に伴ないシナジーを達成するのが困難 ・協働のスキルが必要

互に認識できているため、同じアイデアの重複・冗長的なアイデアを避けられ費用と便益の効率的な分担が可能になります。同時に協働には相手への情報共有や交換などの取引費用が発生します。

　先の欧米での新型コロナウィルスのワクチン開発は厄介な問題の解決法の一つですが、未知のウィルスにつき競争的な契約とリスクを政府が負担する方式（買い取り）により通常は数年の開発期間を6か月に退縮しただけでなく有効性も高い成果を得られた例です。他方、中国やロシアもワクチン開発に成功しました。これは権威的戦略に従ったものと理解できます。開発期間は競争的戦略と同等程度に短期で済みましたが有効性は少し劣るとされています。

　協働的戦略の例は同じく（問題も対策も合意がない）厄介な新型コロナウィルス患者の治療です。我が国では保健所と病院との連携、国公立病院と民間病院及び個別診療所・医院の分担、病院内での通常医療維持とコロナ治療との調整を通じて医療体制を維持しようとしました。ただし、機関ごと機関内部の調整と患者数の増加により協働が機能しなかったり、コロナ治療の特別補助が病床数の確保につながらなかった事例も見受けられました。英国では国民医療サービス（NHS）による病院機能の一元化がなされ、コロナ専門病院化などの緊急かつ迅速な時限的な権威的戦略が治療で実施できたのと対照的です。

問題の見方（フレーミング）

　問題の構造化に関するもう一つの大きな課題は、問題の定義ができ合意し、「厄介な問題」から「複雑な問題」に移行できても構造について異なる見方から解決策が複数うまれる可能性です。我々はある現象は、見方によって全く別のモノに見えることを経験しています。だまし絵で有名な「ルビンの壺」の絵では、壺が顔を向かい合わせている人の姿にも見えます。また、構造の見方が違うと問題の定義の仕方も変わり、ある見方では「複雑な問題」が「厄介な問題」になる可能性があります。この問題の認識枠組みを「フレーム」

と呼びます。先述の政策分析の準拠フレームもフレームの一種です。準拠フレームは準拠する学問分野の色彩が強いですが、フレームは政策の対象となるアクターの意識・行動を経済学的、社会学的、心理学的、文化人類学的、犯罪学的などの観点からどのように認識するかです。

　最近の児童虐待問題を例にすれば、親による小さな子供の虐待のうち身体的虐待については、医学的所見や児童相談所の調査によりある程度客観的に把握できます。しかしながら、性的虐待、ネグレクト及び心理的虐待については調査が難しくなります。いずれのタイプの虐待もその把握できた事実が何に起因するか、あるいは、何が主たる要因かについては、前述の採用する認識枠組みにより違ってきます。要因が確定できないまでも早期に虐待を発見して虐待死や重症化を防ぐ方策が抜本的な原因をなくす対策と同時に必要とされます。実際、児童虐待が発見されるのは警察への通報を契機にするものが多く、所管の児童相談所への相談や連絡を待っていては事態の深刻化を招きかねません。その意味では早期発見には、警察の他、児童を観察できる学校や保育所あるいは医療機関が児童虐待の政策介入を担う機関・アクターに位置づけられ資源を割り当てられる必要があります。

　所管は児童福祉の関係で厚生労働省になっていますが、「子ども虐待対応の手引き」（平成 19 年）第 2 章に「子どもの虐待は、身体的、精神的、社会的、経済的等の要因が複雑に絡み合って起こると考えられている」と記載されているように、問題の構造自体が定義しがたい「厄介な問題」であることを認めています。同様の見解は子どもの虐待防止センターが「子どもの虐待は、親自身の育ちの問題、家族の孤立、貧困など、さまざまな心理・社会的な要因が複雑に絡み合って生じます」（http://www.ccap.or.jp/for-parent/childabuse, 2022 年 5 月 28 日閲覧）にも確認できます。ということは、虐待予防の政策検討は様々な学問領域や行政分野からなされることが可能かつ望ましいということになります。

　虐待する親の行動に着目するならば家族社会学や教育学あるいは心理学から、どういう経験・意識・心理から虐待行動が生まれたかを分析することに

なりますし、家族の環境や収入に着目するならば、地域社会での繋がりや経済支援の観点から、社会的関係資本（social capital）[16]や労働経済学や人的資本論[17]から孤立や貧困の要因を探ることになります。前者の枠組み（フレーム）からはカウンセリングや相談体制の整備など、後者のフレームからは地域での見守り活動の活性化、貧困からの脱却の就職支援や生活資金を確保する経済支援などが提案されるでしょう。しかしながら複雑に絡み合っている状況では、いずれかの政策では十分な効果は期待できません。第一に必要なことは、どの枠組みにたって政策案が作成されているかを明らかにし、その担当部局に責任と資源を配分することでしょう。また、シェーンとレイン（Schön and Rein, 1994）が提唱した「リ・フレーミング」にしたがい、児童虐待を「子育てがしやすい地域づくり」という政策枠組みに再統合することも有効と思われます。このリ・フレーミングでは、地域住民を含む関係機関が連携して問題に対処できる協働戦略に依拠することになりますが、連携の調整責任者が誰か、情報や政策の共有化をどうするかという後述する第二部の経営の視点も重要になります。

3．政策の形成

ゴミ箱モデル

　政策過程モデルでは、新たに対処する問題につき問題の構造化を経て、政策案の作成を行う政策形成に進むことになります。この段階での代表的な理論には、ゴミ箱モデルと政策の窓モデルがあります。

　まず、ゴミ箱モデルは組織論と意思決定論の見地からのアプローチで、コー

16　パットナム（Putnam,1993）は社会的繋がりの強さが政府の信頼性を高め成果を向上させることを示した。

17　人的資本論では教育や訓練を投資とみなし、労働生産性の改善に寄与するとする。

エンら（Cohen et al., 1972）により提唱され、組織の意思決定は、問題（意思決定者が解決すべきもの）、解決策（問題解決のために採用される可能性があるもの）、参加者（意思決定者）及び選択機会（＝ゴミ箱）の4つから構成される[18]とします。ここでは、4つが偶然的な合流により意思決定がされると仮定され、シミュレーションにより①問題の解決、②問題の見過ごし、③問題のやり過ごしの3つの結果が生じることを示しています。

①は、ゴミ箱に参加者、問題、解決策が入った時、問題の解決に必要なエネルギーが参加者によって投入されることで問題が解決されるときの意思決定です。

②は、ゴミ箱に参加者、解決策のみが入り、問題が入ることなく行われる意思決定です。肝心な問題が解決する機会を失うことになります。

他方③は、ゴミ箱に参加者、問題、解決策がはいっているが、問題の困難性が高く別のゴミ箱に問題を移転させる（やり過ごし）決定です。これは、問題を認識してもあえて対処しないものです。そして、ほとんどの意思決定は②の問題の見過ごしになることを示し、組織における決定では解決策があっても必ずしも問題解決につながらない可能性を指摘しています。

確かに、政策形成から決定の段階でも、問題が適切に認識されずに構造化されれば、参加者である政治家や分析者、行政官や利害関係者が選択機会に入っても問題が見過ごされることはおきます。

政策の窓モデル

もう一つの政策の窓モデルは、ゴミ箱モデルの政府組織への修正です。キングダン（Kingdon,1984）は問題の流れ（problem stream）、政策案（policy stream）、政治（political stream）の3つの流れが合流した時に政策の窓が開き、政策が決定されるとしました。この際、政策の窓を開くのに政策起業家が果たす役割にも注目し、偶然性という（消極的な）機会を決定に導く能動的な

18　ゴミ箱モデルの説明には石田・秋山（2021）を参考にした。Cohen らの原論文を簡潔かつ的確に整理している。

機能を評価しています。両方のモデルとも政策案、つまり、問題解決になる
あるいは有効と思われる策の存在を前提にしていることに留意が必要です。
問題の定義なり構造が不明確でも組織は決定しなければなりませんし、現実
に解決策を用意して意思決定するという想定です。ですから、合理的な意思
決定モデルのように問題の構造化ができないと次の政策案・代替案の検討に
進めないと考えずに、可能性としての解決策を策定できると仮定しています。
政策当局として問題の構造化が不完全でも問題解決への対応をしなければな
らないためです。

政策用語：NATO

　問題への政策対応を行う用具が政策用具（policy instruments）であり、問
題への政策用具の割当・充当が政策デザインと定義できます。政策用具の分
類にはいくつか[19]ありますが、デザインとの関連からフッド（Hood, 1976）
が提唱した NATO 概念を使用することにします。この分類は政府が政策の

図 2-2　NATO

	情報 (N)	権力（A）	カネ（T）	組織（O）
実質	助言 訓練 報告 教育 広報 調査	許可 課金 規制 自主規制 バウチャー 割り当て	補助金 交付金 貸付 租税支出 プログラム単位の 財源措置 利害関係集団	官僚制 公企業 半自律組織（独法 など）
過程	情報抑制 情報開示	助言グループ創設 利害関係集団・党 の活動禁止 アクセス禁止	財源措置 キャンペーン財源 財源措置の否定	行政再編成 行政遅延と混乱

出典：Howlett(2018:27), Figure 2.5

19　Vedung（1998）, Salamon（2002）, Schneider and Ingram（2005）らの分類もある。

実施に際し利用する資源に着目したものですので、解決策のデザインにおける資源制約や資源の利用を考慮した政策形成が可能になります。

　具体的には N は Nodality（Information）の頭文字で情報を利用して問題解決しようとします。A は Authority の頭文字で権力を意味し、公権力を行使した方法です。T は Treasury（Money）であり、言葉通りカネで問題を解決しようとします。最後の O は Organization ですが、言葉の組織以外に人的資源と物的資源（施設など）を含むとされています（Hood and Margetts,2007）。要約すれば経営学で使用されるヒト、モノ、カネ、情報の経営資源に政府固有の公権力（強制性）を追加したものといえます。

　より具体的な装置・手段はハウレット（Howlett,2000）が実質面と手続き面で8つに区分したもの（図 2-2 参照）が参考になります。たとえば、ガン対策のための解決策（この場合はガン患者の増加が問題と定義される）として、予防・早期発見が問題構造の分析で明らかにされているとします。するとガン検診の受診率の向上が目的となり、そのために住民に受診を促す方策が具体的な政策になります。具体的には検診の無料化や受診者へのポイント付与（T）、早期発見での治癒率が高いこと・患者の負担も少なくて済むこと等の案内情報提供（N）が政策用具となります。税金滞納や水道料などの料金未納の場合ならば、資産差し押さえ等の強制徴収措置（A）も可能ですが、これは税務部門の体制整備（O）が前提になります。

　この例から明らかなように政策用具の選定には、解決策と政策用具をつなぐ論理（仮説）が必要です。この論理は政策分析の結果、従来の経験や5章で述べる評価に基づいて出てくるものですが、政策用具が直接かつ確実に解決策に結合し、政策用具の有効性を特定化できる場合とそうでない場合があることに留意しなければなりません。

　前者の例は自治体への河川改修費補助（政策手段）により堤防のかさ上げ（解決策）がされれば、かさ上げ分に対応する降雨量の増加に対し洪水被害の発生は確実に低下する（政策目的）ことが該当します。後者の例として、感染症対策としてマスク着用の要請という政府からの勧告（政策用具）をし

た場合、どの程度の着用率（解決策）の向上・維持になり、感染症患者の減少・抑制（政策目的）になるかが因果関係的に特定化できないことです。

　解決策や政策用具の有効性は科学的に証明されていても、政策案としては目指す効果（問題解決）の達成には必要な資源の質・種類や量まで見積もることが必要です。対象となる人の行動変化を求める政策案では、政策用具の選定とデザインだけでは不十分であり、政策用具の利用によりどれだけ行動が変わるかが政策実施では問われることになります。こうした特定化ができない場合には、政策形成による政策案は定量的な政策目的や目標は明示されず、可能な限りの感染者数の減少とか政策用具の動員の量の表示（○○人への××円の交付など）にとどまることになります。

　また政策用具はどの手段を採用しても公共政策として考慮されるべき選定基準があります。前述した受診案内（N）にせよ補助金交付（T）にせよ、政府が市民・国民のため資源を使用する行為であることから、民主制下では効率、公正、自由の規準を満たすことが期待されます。

　資金の交付に多額の経費を要すれば実質的に対象者にわたる資金は少なくなり費用対効果として効率が悪いことになります。国民全員に一人当たり10万円を交付する特別定額給付金が新型コロナウィルス対策で実施されたことは記憶に新しいと思います。総事業費は12兆8802億円でうち配布費用は1458億円を要しましたので、これが経費になります。ICTやマイナンバーカードを効果的に利用すれば節減できたとされますが、これは給付金を是とすると政策執行方法の効率化の問題でもあります。

　次の公正は同じ条件の人には同じ判断がなされ公平に扱われねばならないというものです。滞納者への対応がAさんには甘く、Bさんに厳しくなるような権力行使（A）がなされれば公正に反し、政府への信頼は低下します。また、定額給付金の使途は教育費や生活費に充当してほしいという政府の意図があったとしても使途制限がない交付金という政策用具を選択した場合には、何に使用するかにつき関与することは許されません。使途制限を課すならばバウチャーとか商品券にすればよいからです。

　さらに、全国民か一定の所得以下の国民かで直前に変更されたように、誰を適格者とするかも政策の目的適合性で重要です。コロナに伴う生活保障ならば、一律給付は問題になりますし経済政策ならば費用対効果の課題は残るものの選択肢としてはあり得ます。

　ただし、公共政策の場合、政策用具の選択に際し、政治的効果が勘案される場合があります。国民的支持と政策の可視性への対応です。国民の価値観や意識と違う政策を適用する場合には、効果的かつ効率的な政策であっても反対に遭うことがあります。すると早期の決定や執行はできなくなりますので、政治的摩擦を避ける選択を政治家がすることがあります。公立学校で能力別学級編成とか特進課程などの設置は、たとえ学力向上の客観的証拠が得られ一部の保護者の支持があったとしても公教育での公平性の観点から地元住民の支持が得られない可能性があります。また、増税をして財源確保をしたい場合に、税率を上げるか、それとも税率を変えずに税率を乗じる前の課税標準の所得控除の額を減額するかの選択では、納税者に見えやすい税率の改訂よりも所得控除の見直しをして見えにくい装置を選好する傾向があります。痛みや負担感を与えずに政策コストを賄うのは国民の反発を避ける策だという訳です。民主的統制や情報開示の点で、政治的選好とどのように折合いをつけるか、マスコミや議会、監視機関が政策形成においていかに透明性を確保するかを政策用具の選択・実行に際し考えておかねばなりません。

4．感染症対策にみる政策目的と政策形成

感染症対策の目的とは

　新型コロナウィルス対策については、ウィルス自体の性質が医学的に不明であったことと変異が発生するため、感染症の基礎的対策である人との接触回避という行動制限が、ワクチン開発まで主たる手段になりました。社会的

活動を制限することで感染症は抑えられる一方、経済活動は停滞しますから、国民生活（経済や雇用）にマイナスの影響を与えます。短期間なら食料や電気などの確保で乗り越えることはできますが、感染が長期になり何度も流行の波がくるとなると感染対策と社会経済対策のバランスをどうとるかという課題に直面するようになりました。新型コロナウィルス対策は目的が２つあり、相互にトレードオフの関係にある政策の形成をどうするかの良い事例です。そこで、政府がどう対応したかを振り返り考えることにしましょう。

　新型コロナウィルス感染症の致死率はインフルエンザに比して高いことから感染対策に関心が向かいがちではあるものの、政府の対応は当初から社会活動の制限をしつつ企業活動や雇用を保証する政策を講ずるものでした。しかしながら、感染対策は感染症の専門家を中心に科学的助言と政策関与がなされました。経済対策は経済や雇用の専門家が審議して政策を立案するというよりも可能な政策を外国の事例を参考に出動することになりました。このため、コロナの基本政策は内閣府の基本的対処方針分科会や厚生労働省の新型コロナウィルス・アドバイザリーボードでの審議を経て策定されましたが、感染対策が中心になり経済対策との連携は不十分なままです。途中で経済学者が４名、分科会構成員に加わりましたが、多くは医学関係者で占められている構図は不変です。

　分科会会長の尾身氏は経済との関係の議論の必要性を認識していたようですが、基本的対処方針として感染初期の政府対策本部で「感染者、重症者及び死亡者の発生を最小限に食い止める」ことが目的とされました。このため感染症への対処が中心になり、経済とのトレードオフの調整は政府内部に委ねられています。

　実際、政策対応を資金面でみると感染確認後２年目の2020年度コロナ予算は約77兆円です。主要なものは中小企業支援約26兆円、生活・雇用支援約15兆円、特別定額給付金約13兆円となっており経済対策が金額的には多くなっています。一方、感染防止は5兆円となっています。コロナ対策の目的が二つあるのに一つに専門家の審議が特化しているのは感染対策

のみを優先するアプローチを採用している印象を与えかねません。

　従来よりも感染率は高く致死率が低下したオミクロン型が流行してきた状況で、さすがに感染症の専門家会議であるアドバイザリーボードも有志報告として「オミクロン株の特性を踏まえた効果的な対策」（2022 年）をまとめました。その中に、対策の目的として感染対策と社会経済活動のトレードオフを考慮して以下の 3 点を示しています（下線は追加）。

　①医療逼迫や社会機能不全に陥らない程度に感染者数を抑制すること
　②感染の急激な拡大により多くの人が同時期に感染することで生じる医療
　　や介護、教育をはじめとした社会機能への影響を最小化にすること
　③高齢者や基礎疾患のある人の重症化リスクが確認されていることから、
　　こうした人たちへの医療を確保しつつ、一般診療も同時に両立すること
　　で、死亡者数を最小化すること

感染と経済のトレードオフ

　社会的活動を示す社会機能と感染者・死亡者という感染対策の指標の双方を目的に明示したことは評価できると思います。ただし、この目的定義でも感染症のトレードオフは容易に解消されません。経済モデルと感染症の数理モデルを組み合わせたモデルが開発され、我が国でもワクチン接種と感染規制（緊急事態宣言や蔓延等防止対策措置）により経済活動と感染状況がどう変化するかのシミュレーションが実施されています。

　トレードオフを直接扱う分析もあり、その概念図は図 2-3 に示すようになります。縦軸は社会経済活動による損失、横軸は死亡者数なり感染者数で、実線は効率性フロンテイアです。死亡者を最小にするには社会活動を制限することになり活動損失は大きくなります。同時に活動損失を最小にする場合には社会活動の制限が緩やかになりますので、死亡者は一定数増えます。したがって、社会機能の最小化は効率性フロンテイアの最も下側になり、死亡者数の最小は社会活動損失が大きい水準になります。明らかに同時に満たす

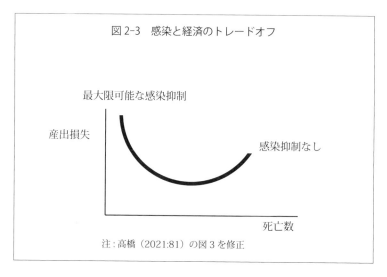

図 2-3　感染と経済のトレードオフ

最大限可能な感染抑制

産出損失

感染抑制なし

死亡数

注：高橋（2021:81）の図 3 を修正

点はなく、可能なのは有効なワクチン接種によりフロンテイアを下側に移行させる改善策です。この場合でも、社会活動の維持（影響最小化）の水準及び死亡者数の最小化の水準を設定しないと、どの程度の経済活動が認められ、社会経済活動への影響がどうかの推計ができません。政策案の比較検討に十分な政策形成は難しいといえます。

　政策用具との関係で、新型コロナウィルスの対策を整理すれば、水際規制や緊急事態宣言等における飲食店などへの休業要請は権力行使 A、飲食店や観光業などの社会活動の停止にかかる協力金や従業員に対する給付金は T、接触確認アプリの開発や感染対策の呼びかけ広報等は N、ワクチンや陽性者調査管理・病床確保・調整、検疫などは O に該当します。したがって、すべての政策用具を動員して緊急対応をしたと言えますが、政策目的のうち感染対策につき定性的な目標が示されるにとどまり、対策による感染者数や経済活動への影響を信頼度をもって推計することがウィルス特性の解明と政策出動の時間制約からできなかったといえます。

第 3 章　政策の決定

1．決定の手続き

　政策案が確定すると民主制下では議会の審議にかかり決定されるのが通常
です。行政の裁量範囲や専決事項では行政内部で決定できますが、予算措置
を伴うときや新規政策では政策の選択肢を含めて審議され議決されます。

　前章で感染症の具体策は感染抑制と経済活動維持でのバランスで決定され
ていました。重症化率や致死率によっても変わってきますが、感染拡大期や
入院待ちで亡くなる人が増える状況では政治的にも感染抑制に傾きます。実
際、東京オリンピックが 1 年遅れで開催された 2021 年 6 月の都議選にお
ける主要政党アンケート詳報（東京新聞 2021 年 6 月 29 日）では、日本維新
の会を除き各政党とも感染拡大防止を重視する[20] となっていました。

　このバランスは感染抑制と経済活動のどちらを重視するか、あるいは最低
水準としてどの程度の感染抑制なり経済活動維持を確保するかです。感染抑
制はより安全・健康志向であり、反対に経済活動維持は一定のリスクを取る
社会・経済志向とみなせますが、国民の意識は分かれています。つまり、感
染対策の案を選定することは、両者のバランスを特定化することですのでこ
の案に近い選好（賛成）の人も反対の人も存在するということです。特定化

20　（1）感染拡大防止、（2）どちらかといえば感染拡大防止、（3）どちらかといえば経済活
動継続、（4）経済活動継続の 4 択から選択してもらったところ、都民ファーストが（2）、維
新が（3）とし、それ以外は（1）とした。

は一定の価値観（感染対経済に関する）を反映していますから、政策案の選択は多様な選好を有する国民・市民の代表からなる議会で案への賛成・反対・修正の議論を行い、集合的意思決定を得ることで合意形成が図られます。討議を通じて意見集約され政策案への賛成が過半数になることで民主的正当性が得られます。もちろん、政策形成と同じく政策決定に際しても合理性・公正性が求められます。政策目的に政策案が有効かつ効率的か、また、政策対象となる人が公平に扱われるかです。

　議会における集合的意思決定は間接民主制では正当な手続きですが、国民主権・住民主権の見地から国民からの意見反映が望まれます。議会審議での公聴会や専門家の見解聴取も活用されるべきと考えますが、このほか国民投票・住民投票という直接投票制度も存在します。

　我が国では国政レベルでは憲法改正に関して国民投票が認められているだけですが、自治体レベルでは住民投票が条例などに基づき相当数実施されています。住民投票には、その結果がそのまま反映される拘束型と参考にされる参考型に区分されます。ある政策に賛成か反対かの二者択一方式は、英国でのEU離脱か否かの国民投票の例[21]にみられるように、判断の基礎となる情報の信頼性の程度に投票行動が左右されやすいこと及び中間の選択肢がないことから必ずしも民意を的確に反映したものにならない可能性があります。

　ただし、政策決定は政策案によって質が規定されますから、民主的な手続きや討議を尽くすことは当然のことながら、政策当局の政策形成や政治的環境の認識力が大きく左右します。もちろん、議会審議に当たる政治家の知識・能力の啓発も重要です（Hoppe, 1999）。

　手続き的には、政策は法律・条例または予算の形式で一般になされますから予算管理とも密接な関係を有します。政策形成の段階で計画・企画と財政・

21　EU離脱時のプロセスと結果もトランプ大統領の当選と同じく想定外の「非合理的」なこととされた。事前の経済分析でもEU離脱によるコストの方がベネフィットを上回る試算が公表されていた。

財務との連携をしておく必要があります。政策用具としてＴとＯの組み合わせになります。

2．決定の理論

（1）合理的モデル

　合理的意思決定は、①目的の明確化、②代替案の列挙、③代替案の評価、④代替案の選択という流れをとります。政策過程モデルの問題の構造化、政策形成と重なる部分があります。ただし、政策決定では関与者が単独や代表者ではないため目的が多数になり、また、目標間の重みづけが必要になります。しかし、アローの不可能性定理（個人の選好を総合しても社会全体の選好はつくれないという理論）で示されたように社会的効用関数は存在しません。目的の明確化や合意が可能になっても、すべての代替案を列挙することは不可能ですし、どれが最適化は価値観によって左右されます。価値観や基準が一元的な場合には、数理計画法などのＯＲの利用により最適解は得られます。ただし、公共政策は限られた財源という制約がありますので、ある政策を採択あるいは決定することは、他の政策を未採択あるいは（減額）調整することになります。

　この決定を合理的手法で行うには政策の費用と効果を金銭的に評価し費用便益比＝便益／費用を計算し、予算額の範囲内で費用便益比の大きい順に採択していくことが考えられます。しかし、公共の福祉の観点から不可欠な政策が存在しますから、この方法は異なる分野間の比較には適しません。同じ分野間での優先度の決定にとどまります。具体的に言えば、道路整備予算総額が確定した場合に、どの事業を採択するかで事業ごとの費用便益比を算定し、その高いものから採択していくことは合理的な方法です。この場合でも

整備水準の違いなど公正の観点から、修正されることがあります。つまり、「大砲」か「バター」かという政策目的や分野が異なる政策間にどのように資源を配分するかの決定は費用便益分析によることはできません[22]。国防と国民生活の安定の便益と費用の計算が可能だとしても、両方とも必要とされるからです。また、安全保障はリスク（脅かされる安全で可能性）に関する評価に対し、国民生活の安定は経常的な価値評価（毎日の生活）ですので計算される便益の意味合いが異なります。

　したがって、公共政策の決定において合理的決定が可能な領域は政策を所与とした場合に限定的に使用できると言えます。

（2）EBPM（Evidence Based Policy Making）[23]

　EBPM は我が国では「証拠に基づく政策立案（または形成）」と訳されています。これは、客観的なデータに基づき政策の有効性・妥当性が認められたことを確認して政策を立案する意味です。しばしばエピソードでなくエビデンスに基づいた決定が重要という表現がなされますが、元来は証拠に基づく医療（Evidence Based Medicine；EBM）の考え方を公共政策に当てはめたものです。治療の成果があったことを治験などの客観的なデータで検証された医薬品や治療方法を診療に用いるというものです。ワクチンを含め医薬品はランダム化比較実験（新薬と偽薬を服用する処置群と統制群に治験参加者をランダムに割付け、2 群の結果を比較する）より有効性を確認することが治験でなされ、使用承認がされます。証拠にはこのランダム化比較実験から伝聞・口頭のものまで、信頼性の高いものから低いものまであります。EBPM が適用されたのは、実験経済学や行動経済学の興隆も関係しますが、時代背景としてはリーマンショック後による財政緊縮化で節約と効率的な政策執行が政

22　PPBS の失敗の要因として技術的合理性の強調と政治的合理性の欠如が指摘されている。つまり、政治的決定がテクノラートによる決定に置き換わるリスクにより立法府から拒否された。
23　EBPM の展開と課題ついては山本（2018）を参照されたい。

府に要請されたことがあげられます。

EMPM は政策決定の前に政策の有効性が確認されていますので、予算化や法案化を円滑にできますし、実験結果をデータベース化することで今後の政策形成の参考になります。理論的な政策があっても実証されていないもの、逆に理論的には因果関係を含め解明されていない政策についても、実験を通じて効果が科学的に検証できる点が特色です。また、計画や予算において EBPM の思想を徹底することで「証拠がない（不十分な）ので採択しない」という決定、つまり結果として財政緊縮策になり得ます。

しかしながら、EBPM には何を証拠とするかの合意、測定方法、比較可能性をどう確保するか、また、時間制約をどう克服するかの課題があります。実験で成果を検証するにせよ何が政策目的で成果は何かを確定しなければなりません。また、成果が定義できても、どのような尺度で測定するかの操作化や実験方法も定めなければならないのです。EBM では「質で調整された生存年」[24]（QALY）のように成果指標の統一化と比較可能性が図れていますが、教育や福祉でも同じような指標化が可能か、他の重要な属性を無視していないか、道徳的・倫理的に実験が可能かの検討が必要です。

さらに、政策の実施と成果の発現には時間差がありますので、成果測定を待っていては問題がより深刻化してしまうこともあります。成果が立証できないからということで差し迫った問題に対し何も政策を講じないことは政治的には許容されませんので、EBPM の徹底は技術的・理論的にできないのではないかという根本問題もあります。政策の有効性が認められても政策の費用対効果の比較は代替案を実施しないと不明ですから、効率的な政策かは確定できません。ある文脈で効果が確認されてもそれが他の文脈（場所や時間）でも有効かという課題もあります。したがって、限定された分野での政策決定に活用できるにとどまり、政策全体への適用は PPBS と同様難しいと判断されます。

24　質で調整された生存年とは、生活の質を勘案した生存年のことであり、生活の質は完全に健康な状態を1，死亡を0として評価される。

（3）増分主義・限定された合理性

　政策の目的や制約条件に関する完全な情報を得ることはもちろんのこと、可能な代替案をすべて抽出し評価することは実際上不可能です。このため、意思決定はサイモン（Simon, 1947）が説くように「限定された合理性」に基づくと解釈してよいと思います。合理的モデルが完全合理的な経済人（Homo Economics）を想定して最適な代替案を選択するのに対し、限定された合理性を有する経営人（Administrative Man）が要求水準の満足化を目指すとします。

　そこでは、代替案をすべて探索するのでなく要求水準を満たす満足解が得られればその案を選択するとします。公共政策では前述したように目的自体が複数あり最適解の決定自体が困難なことから、意見の違いをまとめて合意形成を図る必要があり、問題解決への対応の時間的制約もあります。

　政策過程論から合理的モデルの限界を指摘したのがリンドブロム（Lindblom,1959）の増分主義（incrementalism）です。政策決定は前例・過去の決定を基礎として、わずかな修正として行われるとします。ここでは前の決定がどのようにしてなされたか（合理的モデルか否かなど）は問わず、政策は調整や合意形成の費用・時間を小さくするために過去の決定を漸進的に修正されます。

　現実の決定の多くは予算の実証研究で示されているように、前年度予算の微修正が大半で当年度との有意な差が新規予算なり政策変更の部分となっています。当年度の問題の構造化や政策形成を問わずに前年度の政策を基準にされるのは、政策過程モデルからは外れた印象を与えます。しかし、情報処理能力の制約からは限定された合理性に基づく意思決定といえます。増分主義の問題は、政策のイノベーションや新規の政策課題にどのように対応して決定すべきかの解を明確に示さないことです。

（4）唱道連携モデル

　合理的モデル、限定された合理的モデルでは、価値観の違いを前提にした
最適解なり満足解あるいは修正解を決定とするものでした。しかしながら、
現実の政治過程はイデオロギーや信条が異なる党派間で個々の政策につき合
意が成立することもあります。特に地方議会では、議案につき全会派が賛成
することが少なくありません。

　ジェンキングスミスとサバテイア（Jenkins-Smith and Sabatier,1999）は唱道
連携モデル（Advocacy Coalition Framework）として政策サブシステムにおい
て異なる唱道連携集団間でも特定政策に関して合意形成が可能になることを
示しています。ここで政策サブシステムとは特定の政策領域（教育政策とか
福祉政策など）を意味し、唱道連携集団は信念システム（belief system）を基
礎に構成されるとします。信念の核となる理念や信条は集団間で違いますが、
その境界部・周辺部は他の集団と重なる部分があり、核と衝突しない政策案
が作成されれば合意に達することは可能になります。

　実際、高等教育の無償化政策では国政レベルで自民党から共産党まで党の
理念は大きく異なっていても方向性は共通していますし、野党の与党の提出
法案への賛成率も最も低い共産党でも 50％ を超えています。このため、政
策案を集団相互が学習し討議することを政策分析を通じて支援することが重
要になります。

　政策の窓モデルやゴミ箱モデルのように偶然的な要素で政策決定がなされ
るのでなく関係者間の相互作用を考慮しています。また、政策に関する集団
討議を明示的に扱っている点に合理的モデルや増分主義にない特徴がありま
す。ただし、増分主義のように恒常的な決定には適用が難しく、特定政策案
への決定過程の分析に適合しているといえます。

（5）参加型政策分析

　唱道連携モデルは集団レベルの交渉や討議を組み込んでいますが、民主主義の本質は市民の意思決定への参加にあります。エネルギーや温室効果ガスあるいはまちづくり政策は、その影響を受け、かつ、その政策が効果をあげるかの鍵を握るのは一般市民です。エネルギー源により電気料金やガス料金は変動しますし、家計消費は最終エネルギー消費の14.1%（資源エネルギー庁「エネルギー白書2021」,p82）を占め、ピーク時の電力需給の調整には家庭の節電協力が欠かせません。2050年までの温室効果ガス実質排出ゼロに向けて原子力発電に一定程度依存するならば、リスク対策や発電所立地地区との協議が決定の前提になり、国民の理解が必要です。また、まちづくりでそこで暮らす市民の要望やニーズを勘案しないと使われない施設を作ってしまう可能性があります。外部のコンサルタントや専門家が作成した計画では、計画の実施への市民の協力が得られない危険性もあります。このため市民を政策検討や形成あるいは決定に関与してもらう参加型政策分析・決定が実施されます。

　我が国でも市民の政策形成・決定への参加形態として審議会等における市民代表・公募委員としての参加以外に、2005年6月の行政手続法の改正によりパブリック・コメントが法制化され法令等の新設・改廃につき意見・情報の提出ができるようになっています。これ以外に市民の主体的参加として、無作為抽出で選ばれた市民が専門家から情報提供を受けて政策を作成したりまとめる方式があります。いずれも市民の自発的な参加であり、住民意識調査などの統計的・間接的な意見の表明とは異なります。市民の意見を反映する方法として科学的ですが、無作為抽出した市民の協力が得られないとバイアスがかかった人選になる可能性が残ります。また、市民の政策案がそのまま国・自治体の最終案になるか、参考か、あるいは単なる情報かという制度的位置づけの課題があります。厄介な問題や市民の意見対立がある場合には

唱道連携モデルに述べた討議や専門家の支援が重要になります。現状では試行的に実施される例[25]が多いようですが、市民の政策学習に有用です。

（6）アイデア・言説による政策決定

　特定政策が推進されたり新規に創設されるのに「共有された信念」（アイデア）や言説が重要な役割を果たすとする考え方があります。前者はゴールドスタイン（Goldstein, 1993）が提唱したものであり、政策と効果の因果関係が示された信念にもとづくもので政策アクターに共有されることで政策が推進されると考えます。後者の言説は論理実証主義に基づき問題解決や政策形成を行う立場というより、一つのストーリーとして問題の構造化がなされます（Stone, 1989; Schmidt,2002）。しかし、この場合の論理は因果関係的な物語であって科学的に検証されたものではありません。このストーリーとしての実例を合田（2020,p35）は教育政策を例に次のように述べています。

　「我が国の財政が右肩下がりのなかで新しい予算を獲得しようとすれば他の予算からのつけ換えや新たな財源の確保が不可欠で、全体を統合するアイデア、あるいはメタレベルのストーリーが必要になってきます」。

　そして、Society5.0から児童一人ひとりにパソコンを提供するGIGAスクール構想が実現し、大学ファンド10兆円が推進されたのは2020年の骨太方針でありファンドの創設は、2020年12月の経済対策で「10兆円の大学ファンドの創設」が財政融資資金を活用して行うことにおいて決定されたとします。財政投融資を基本に政府出資金6111億円による財源確保は増税や他の財源の振り替え、赤字公債の発行が不要[26]の手法であったことが財務省をはじめとする関係省庁での調整を可能にしたわけです。

　確かに政権を含む関係者の合意で新しい政策が推進する方策として極めて

25　最近では研究プロジェクトの一環として札幌市民20人の参加者に対し「気候市民会議さっぽろ2020」として実施された。
26　財政法により出資金は公共事業と同じく建設公債の発行の対象経費になる。

理解しやすいものです。しかし、言説としてのストーリーの場合には因果関係が科学的に証明されていません。このため、10 兆円大学ファンドがあれば我が国の研究力が高まるかどうか、10 兆円から年額 3000 億円の支援で十分かの根拠も明確でありません。他の国の研究大学が将来どの程度の基金や資金の水準に達するかを予測しないと国際競争力を判断できません。「国民の不満を引きつけた上で政策を変えていくサイクルを回さざるを得ない。それをデモクラシーのなかで求めているのは国民自身だという構造」(同, 38) は的確な認識です。同時に、ストーリーに頼った政策決定を継続することは決定においてわかりやすいデータを過度に評価し、合理的な政策分析や解決策を重視しない傾向につながり、政治と国民の政策討議を避ける可能性もあります。

3．政策変更の理論

（1）政策の変化・転換（Layering, ハッカーの理論）

　政策決定は全く新規の政策について決定する場合もありますが、多くは既往政策の継続の決定及び変更の決定になります。したがって、政策の変更または転換の決定がどうされるかは政策過程において重要です。政策の変更(改訂)案の内容が合理的かつ効果的なものでも必ずしも決定されないのは、政治的な要素が公共政策では強く作用するからです。
　ハッカー（Hacker,2004）は政策の変換を（行政組織）内部の変更への抵抗と（外部の）政治的抵抗（拒否）の 2 軸に区分し、その高低により図 3-1 のように 4 つに分類します。内部抵抗が高く、かつ、政治的抵抗が強い場合には政策変更ができませんので現行政策が適用されます。政策が変更されず維持の場合も政策変更の一つのタイプとみなしています。この状態を「漂流・放置」（drift）と定義していますが、未対応のため政策効果に影響します。

図 3-1　ハッカーの政策転換モデル

	組織内部抵抗が高	組織内部抵抗が低
政治的抵抗が高	漂流・放置 (drift)	転用 (conversion)
政治的抵抗が低	層化 (layering)	置換 (replacement)

　我が国では外国人労働者の雇用については規制が厳しく、外国人技能実習生に依存していた産業や地域は新型コロナで入国制限があった状況下では、企業や農業活動の継続リスクとなっていました。また、政治的抵抗が高い、内部の抵抗が低い場合には、既往政策を状況変化に合わせて転用すること（conversion）も組織戦略としてとることがあります。この二つは新しく政策変更がない場合ですが、政治的抵抗が低く（反対や拒否が弱い）内部抵抗が高いときには、既存政策を存続したままで新しい政策を追加する層化（layering）が可能です。そして、内部の抵抗も低い場合には既往政策を廃止して新しい政策に置きなおすこと（replacement）ができます。

　我が国では第二次大戦後も長い間、「政官のスクラム型」（村松 ,2010）の政策過程を継続してきました。そのため、政策や法制度の変更には政治的・行政的な抵抗が強い傾向にあります。規制が岩盤規制といわれるゆえんです。行政内部の法令・制度は未だに明治憲法下の影響を残したもの[27]も存続し、行政法令は過去の法令の廃止というより上乗せの層（別）化が多くなっています。層別化は内部の抵抗を回避して新規政策を作る場合には有効な方策ですが、既往政策との矛盾や新規政策の効果を減殺する可能性があることに注意が必要です。たとえば、我が国の独立行政法人制度は国や自治体の厳格な財務統制からその運営に裁量性を付与し成果統制に転換することにより、効率的で質の高い公共サービスを提供しようとして創設されました。そのため、財務制度は企業会計原則によるとされましたが、現金主義の官庁会計による予算統制は継続し、かえって統制が付加され自由度が低下しているともいえます。

27　会計法がその典型である。

（2）制度論：新規政策の適用・普及（模倣、規範、強制）

　政策を制度の一種とみなすと、政策の変化は制度の同型化理論から説明することができます。同型化（isomorphism）は社会適応として組織が同様の構造を選択するという考え方であり、社会学的アプローチです。デイマジオとパウエル（DiMaggio and Powell, 1983）は、組織が社会適応として強制的同型化（coercive isomorphism）、模倣的同型化（mimetic isomorphism）及び規範的同型化（normative isomorphism）の３種類があるとします。

　強制的同型化は中央政府が地方政府・自治体に対して制度適用を義務付ける場合が該当します。政府間関係に財政などにつき階層性があれば下位者は上位者の指示にしたがうのが適応策となります。国の指針や基準が先に決定される場合、全国的に同じ基準を適用することが必要かつ合理的な状況はもちろん存在します。要介護の水準の審査基準などは自治体ごとに基準が異なると、同じ状況下の要介護者の認定が異なることになり、住所が変わったときには同じ状態にもかかわらず扱いが違うことになり公正性にも反します。

　自治体が先に基準等を策定して社会問題への対応をする場合もありますし、特定の自治体が先駆的に取り組み成果をあげる政策も存在します。こうした場合、同じような問題に直面した自治体や国は「成功した政策」を適用するという論理で政治的合意や正当性を得やすくなります。模倣的同型化は政策選択における不確実性回避として生じます。昔の松戸市で始まった「すぐやる課」の設置ブーム[28]や近年の「くまモン」に代表される「ゆるキャラ」による地域活性策はこの典型例です。

　一方、国による強制化がない状態でも、ある制度や政策が専門職団体によって妥当な基準と認定されると規範的性格を有するようになります。身近なものはインタネットのドメイン名等を管理している ICANN（Internet

---

28　1969 年 10 月に創設され最盛期には 300 以上の自治体に設置されたが、今では少なくなっている。

Corporation for Assigned Names and Numbers) は非営利公益法人です。国連の
ような国際機関でもなくインタネット発祥の米国国防省の組織でもなくありません。
ませんが、利用者によって遵守されています。政府機関における国連の「持
続可能な開発目標」(Sustainable Development Goals; SDGs) の適用とか民間（国
際会計士連盟）の国際公会計基準審議会（IPSASB）の基準（International Public
Sector Accounting Standards; IPSAS) を利用するのもこの例です。

（3）政策変化の競合要因

　主要アクターの対応や同型化として政策変更がなされることもあります
が、公共政策では異なる政策原理が併存・競合して適用されることもありま
す。

　制度論理はフリードランドとアルフレッド（Friedland and Alford,1991）に
よって提唱され、ソーントンら（Thornton et al., 2012）により完成された考
え方です。社会秩序はいくつかの中心的論理を持ち、制度が形成・運用さ
れているとします。6つの秩序[29]が示されています。表 3-1 は市場、企業、
専門職、国家、家庭、宗教の6つの社会秩序についてその原理やガバナンス
について要約したものです。明らかに、6つの秩序は併存して社会を構成し
ています。したがって、制度変更とは支配的な秩序論理の変更あるいはそれ
ぞれの秩序における他の秩序の影響の変化とみなされます。

　唱道連携モデルでは政策サブシステムで異なる信念が合意に達する可能性
を説明しました。しかしながら、秩序論理が入れ替わるというよりも国家の
社会秩序が支配的な公共政策では複数の秩序論理が適用されたり、特定の秩
序原理の影響が高ま（低下す）る結果として政策変更がもたらされることが
あります。たとえば、岸田政権では「社会的課題について・・・新たな官民
連携によって、その解決を目指していく」（「新しい資本主義のグランドデザイ

---

29 最終的にはコミュニテイを追加して 7 つになっている。

表 3-1　代表的な制度論理

項目	市場	企業	専門職	国家	家族	宗教
経済システム	投資資本主義	経営資本主義	個人資本主義	福祉資本主義	個人資本主義	西洋資本主義
理論	エージェンシー	経営学	新制度論	資源依存論	パワーエリート論	権力（権威）
アナロジー	交換市場	法人	関係ネットワーク	再配分メカニズム	企業としての家族	銀行としての寺院
アイデンティティ	匿名性	官僚的役割／生産量	個人名声	社会階級／政治イデオロギー	家族名声父子関係	職業訓練／組合
正当性	株価	市場的地位	個人の卓越性	民主的参加	忠誠	経済におけるマジックの重要性
権力	株主	取締役・経営	専門職団体	政党	家父長制	預言者のカリスマ
規範	自己利益	雇用	ギルド	市民	家族成員	信徒
学習	競争	競争	徒弟制	世論	後援・保証	祈り
統制	規制	権力	同僚評価	法律	家族規則	タブー
組織	市場	部門制	ネットワーク	官僚制	パートナーシップ	宗教会

ン及び実行計画」p1）としていますから、少なくとも国家と企業の秩序論理が政府の政策に適用されることになります。もっとも、公企業（地方公営企業を含む）は公共性と企業性を兼ね備えた組織として長い歴史を有しますので、新たな解決策ではないともいえますし、公企業の「成功」も「失敗」[30]も経験してきたところです。近年の制度論や組織論での問題関心は、どのようにして複数の秩序論理が組織や制度として併存するか、競合・矛盾する可能性があるものをいかに調和化するかが課題になっています。行政改革は公共管理という政策の変更とみなすことが可能で、後述するように国家以外に市場、企業などの秩序論理を併用しようとしています。

30 公企業の失敗は旧国鉄の赤字累積と悪化した労使関係が代表例である。

4．政策転換と実質の変化：公立大学の法人化

　先に政策転換として行政組織内部と外部の抵抗の高低に応じて4つのタイプに区分しました。既往政策に新規政策を追加する層化（layering）が政治的には適用されやすいといえますが、実際はどうかについて分析したことがありますので紹介します。公立大学政策です。公立大学数は現在（2022年4月）では99校で国立大学（86）を超えています。これは、地方における地元大学に進学したい（させたい）という高等教育需要に応える側面もありますが、同時に地域産業振興や地域の医療・看護政策あるいは若者の大都市への転出抑制策を支える部分もあります。多くは教育政策と地域振興及び保健政策が一体化したものです。1990年代以降に公立大学の設置が相次ぎ、政策関係と看護関係の学部が相当数創設されました。

　2004年度からは国立大学の法人化と合わせて公立大学も地方独立行政法人法により法人化が可能になりました。つまり、法人化という新たな制度・政策が加わったわけです。もちろん、国立大学と異なり法人化は強制されるものでなく、各自治体が自主的に選択するものです。根拠となる地方独立行政法人法では第2条で「効率的かつ効果的に行わせることを目的」にするとしていますから、公立大学の法人化は効率化が質の向上と同時に求められています。公立大学については東京都などのように財政力指数が1以上になる場合を除き地方交付税措置がありますので、公立大学設置自体が直ちに地方財政を圧迫するわけではありません。近年の地方に立地する私立大学の公立大学化の増加[31]は、地方の財政負担なしで大学の存続をはかり地元ニーズに応えようとするものです。しかし、交付税措置単価と実績に乖離がある

31　近年では長野大学、諏訪理科大学、周南大学が学校法人から公立大学化した。

場合には自治体負担となります。したがって、法人化を契機に財政効率化に力点をおこうとしたり、逆により一層の大学振興に努めようとする政策転換をすることが想定できます。もちろん法人化を制度改革の政治的アピールに利用し実質的な政策内容を変更しない場合もあります。新たな政策の追加（法人化）であっても、実質的な政策転換があるかないかは別になります。

　そこで、法人化を機会に公立大学への政策の実質的な変化が生じているか否かを探ることにしました。具体的には法人化の前後 5 年を 2 期間比較し、自治体の財源負担がどう変化しているかを分析します。理論的には表 3-2 のように 4 つに区分されます。タイプ I は公立大学への財源負担が法人化前及び法人化後とも増加している、つまり、一貫して大学振興を財政面で推進しているものです。タイプ II は法人化前は財源負担を増やしていたが法人化後は減少しているものです。法人化を契機として効率化に転換したと判断できます。一方、タイプ III は法人化前に減少傾向にあったものの法人化後に財源負担が増加に転じたもので、法人化をきっかけに大学振興策を強化したと判断されます。最後のタイプ IV は法人化前及び法人化後も財源負担は減少が継続しているため、政策の変化はありませんが大学振興というより効率化重視の政策を法人化とは無関係に採用していると考えられます。法人化が 2004 年度以降であり、前後 5 年のデータの入手可能性から、分析は 49 校を対象としました。結果は表 3-2 に示すように法人化を通じて政策変化があったものは約 1/2 の 26 校（タイプ II とタイプ III）であり、効率化（財源負担縮小）に転換したのは 16 校（全体の約 1/3）、大学振興を抑制に転じたのが 12 校（約 1/4）となりました。独立行政法人化は一般に業務の効率化の手法と認識さ

表 3-2　公立大学の法人化

区分	タイプ I	タイプ II	タイプ III	タイプ IV
法人化前 5 年	＋	＋	－	－
法人化後 5 年	＋	－	＋	－
法人数	10	16	11	12

注：＋（－）は設置自治体の財源負担が増加（減少）していることを指す。

れることが多く、実際制度創設時の行政改革会議の最終報告では「垂直的減量」[32] という表現がされました。しかし、法人化の実際はその当初の意図に沿った政策（効率化）を出動させる場合も反対の政策（財源増額による振興）を採用させる場合もあることを示しています。層別な政策転換の実質的な影響に注目することが重要です。

32　行政改革会議の最終報告（平成 9 年 12 月 3 日）の「Ⅳ行政機能の減量（アウトソーシング）、効率化，2．減量（アウトソーシング）の在り方，（2）独立行政法人の創設」を参照のこと。

第4章　政策の実施

1．政策デザインと実施の関係

デザイン・設計と施行

　政策決定がされても実施するには詳細を決定しなければなりません。政策案の中から最も良い政策が選択されても、その政策の意図した成果が達成されるには実施の出来に依存します。たとえば、素晴らしい意匠デザインの建築物（美術館など）が選定されても、それが入場者や周囲の者に見えるには強度が十分かの構造設計や複雑な施工技術が必要です。また、工期や工事費を計画したとおりに収める工程管理も重要です。

　たとえば建築ではこれら3つの分野が専門化されていて、最初の意匠デザインが脚光を浴びることが多いもののデザイン担当の建築家は構造計算や施工技術には詳しくありません。建築物の依頼主なり施主はデザイン決定につき権限を有します。この場合、どのようにその後の構造計算や施工を管理していけばよいかが重要です。建築物では施工業者を監督する監理技術者を別途依頼し、全体工程を第三者の専門家として監視・管理する業務を委任することがあります。この場合には専門知識における情報の非対称性（知識・経験の差）を克服することが可能です。

　それでは、公共政策の実施の場合にはどのように対処すればよいかということになります。公共政策では施主は市民、決定者は議会、デザイナーは首長（国の場合には大臣などの責任者）、構造計算と施工は首長・担当部局あるい

はその委託・請負の民間事業者が相当します。市民は代表者である議員から構成される議会に最終決定を委任し、議会は委任を受けて首長や担当部局の提案（含む予算と工期）を審議決定します。構造設計（含む予定価格の算定）や施工は別途監理者を立てるのでなく部局の担当責任者が監督します。もちろん、会計部局や監査部局が途中あるいは事後に監査・検査をします。したがって、政策決定と政策実施の関係は、経済学でいう本人（プリンシパル＝P）・代理人（エージェント＝A）のPA関係[33]の連鎖と解釈することが出来ます。市民（P1）と議会（A1）、議会（P2=A1）と行政（首長・内閣）（A2）、行政トップ（P3=A2）と担当部局（A3）、担当部局（P4=A3）と民間事業者（直営でなく委託あるいは請負で実施の場合）（A4）、それに内部監査等のモニタリング役が追加された形式です。

　すると、政策実施とは政策決定者の本人の目的（政策目標）を最大限に達成するためにいかなる統制なり仕組みを組み込むかという話になります。

　ところが、政策決定者は前述したように政策実施に当たる行政への委任をしますから、行政から民間事業者までの流れや中身（行動）は観察できませんし、直接の統制が及びません。そこで、政策実施に際しどのような統制を行うかが課題になります。

実施過程とアクター

　プレスマンとウィルダフスキー（Pressman and Wildavsky, 1973）は連邦貧困対策プログラムがカリフォルニア州オークランドで予定通り実施されないことを明らかにし、政策実施研究の重要性を説きました。PA理論はこの実施研究の結果をどのように把握し克服するかを分析する用具の一つといえます。統制や監視をどう行うのか、実施に当たる担当者や民間業者の動機づけをどうするかです。PA理論ではAに誘因を与えることでPの効用を最大化

33　PA理論とは本人（プリンシパル）が代理人（エージェント）に行為を委託し、本人の効用を極大化するための代理人との契約関係をどのように最適化するかを分析する理論である。ここでは双方が期待効用を最大化しようと行動すると仮定されている。

する行動を A がする制度を設計しようとします。そこでは P も A も自己の効用を極大化するという合理的・功利主義的な意思決定をすると想定されています。監視や監査は P の効用を低下させる A の利己的な行動を監査により発見し、懲罰を課される可能性を認識させることで抑制させる装置とみなされています。PA 理論にしたがえば政策実施の統制には政策目標である成果を明確化し、P に観察可能な成果指標を A に目標値と合わせて示し、その達成度に応じた誘因（報酬）を提供するということになります。

　この制度設計は、PA の功利主義的な行動原理に加え、①成果の明確化と定量化が即時に可能なこと、②目標未達の場合に報酬を削減すること、③誘因が不十分な場合には A は PA 関係から自由に退出できることが前提になっています。しかしながら、公共政策の特性からこれら 3 つの要件を満たすことは容易でありません。

　まず、①の成果の明確化と定量化については、目的の複数化と目的間のトレードオフがあり、特定の定量化しやすい目的に焦点があたるとかえって政策全体の目的が達成できないことになります。病院の管理政策では、治癒率を成果指標とすると治療効果が高い患者を優先的に扱うことで目標を達成する事態が生じています。

　成果による統制は成果をどのレベルで設定するかで異なったタイプがあります。失業者への就職支援政策であれば、政策決定の段階で支援内容を就職相談として特定化して政策実施は就職相談を行い、失業者をどのていど満足させたかについて統制するのが一つです。もう一つは、政策決定は失業者をどの程度就業させるか目標値を決定し、政策実施はこの就職率を目標に相談・あっせん・訓練などの支援内容はまかせることになります。したがって、統制は就職率の目標を達成したか否かです。前者は政策実施側の裁量性・自由度は低いものの管理可能性は高く、反対に後者は政策実施側の裁量性は高いものの目標値は所与とされます。

　このため、政策実施のアイデアと政策決定の目標値で責任主体が異なり、説明責任からいうとコンフリクトが生じます。また、成果の効果は政策の実

施に伴いすぐ現れる場合は少ないため、実施段階で統制を成果で行うのは困難です。教育政策とか健康政策の成果は早くて数年の期間を要しますから、成果測定が可能だとしても測定している成果は数年前の政策による効果です。実施から評価そして決定へのフィードバックはタイムラグでうまく作用しません。

　次に②の報酬削減は目標未達成の場合に講じられます。成果給的な制度とみなすことができます。しかしながら、既に政策決定の段階で当該政策に配分・充当される資源も確定されていますから、政策実施後の成果の測定時には資源は消費されています。事前に誘因分として確保しておく方法はありますが、目標を上回る場合には上限があり企業のように高い報酬を与え（経費増）さらなる業績向上（収益増）により拡大再生産につなげることができません。

　最後の③は、PA 関係からの退出の自由原則は公的部門では行政サービスの安定かつ持続的供給の責務から考えねばなりません。PA の最初の市民・有権者と議員の関係は選挙により決定され、議会と行政の関係も選挙結果に応じて変わります。他方、行政で雇用される A たる公務員は確かに離退職することはできますが、P たる行政の責任者は公務員の退職者が多くなって公務サービスが提供できない事態は避けねばなりません。民間部門と共通する業務内容や専門知識・経験が適用できる仕事であれば自由な労働市場での需給に任せてよいのですが、警察・消防や生活保護などの分野はすぐ代替・補充可能なものではありません。したがって、政策実施に際して安定的・継続的な供給確保をどうするかの視点が重要になります。

　また、直接の行政内部及び行政と民間の PA 関係に政治の介入があると、PA 関係に歪みが生じます。これは行政の中立性に反します。昔から入札・契約や個所付けへの政治の介入や行政側の忖度は実施過程であり得る話で問題として指摘されてきました。内部通報制度や内部統制の改善あるいは行政の透明性向上のなかで解決して信頼性確保に努める必要があります。

　なお国と地方を PA 関係で理解するのは地方自治の見地から適切ではあり

ませんが、自治体（地方政府）が国の政策の実施主体として重要な役割を果たしています。実際我が国では歳入ベースで自治体は政府全体（国と地方）の約４割に対し、歳出ベースでは約６割を占めています。新型コロナウィルス感染症ワクチン接種や治水事業等は国が公共の福祉の観点から実施するものですが、自治体が確実に実施することが政策実施に不可欠です。治水事業は国の１級河川でも直轄区間と指定区間に分かれ、それぞれ国土交通大臣及び都道府県知事が河川管理者になっていますから、国と自治体が管理を実施しています。ここでも統制と自律のバランスをどうとるかが課題です。国が全国一律の水準を確保したいと考えると政策実施の裁量を制限する方向になります。国が事務通達や指針を出して自治体はその範囲で仕事をするという意味では代理人に近い関係になります。

　しかし、自治体の裁量を認める方向に立てば国の政策目的を達成するため自治体が実施方策を個別事情に応じて策定し実施することになります。自治体職員の間では政策立案や政策形成という意識が少なく、事業の実施をどうするかに関心があるのは、政策の多くが国で策定され、自治体独自の政策分野や裁量性が小さいからだといわれます（高橋,2021）。自治体の政策実施でも国の補助金や交付税の対象になっていて自律性が制約されているなかでの工夫という意味かもしれません。

２．実施の管理：状況変化

実施の計画と管理

　政策決定段階で政策実施について成果ベースで規定するか、それとも活動ベースで規定するかの違いはあっても、実施に際しては事業の手順や担当、方法などの詳細を確定しなければなりません。たとえば、ワクチン接種が決定しても確実に対象者に接種する体制と方法を確立する必要があります。

　自治体が実施主体になるとき、対象者への連絡と予約、会場確保・設営、接種と管理などの具体的方策を定めねばなりません。毎年度実施している定常的な事業（住民健診）であれば方策などが確定していますから実施は比較的円滑に進められると思います。

　しかし、初めての事業とか時間的に制約がある事業の場合には、政策過程の政策形成と同じ手順を政策実施で踏む必要があります。どのように実施を行うかの人員・施設・予算の計画、具体的な手順と方策の実施設計（含むマニュアル類の作成）、計画・設計にしたがった運用及びその実施状況のモニタリングと必要な場合の実施計画・設計の修正です。この場合にはどの方法が効率的でかつ信頼性があるか等の実施方策の比較検討が含まれます。人員・体制では実施期間が限られている状況では、現有の職員対応以外に包括委託や臨時の要員確保も代替案として考慮されねばなりません。そして、委託する場合には業務内容に関する仕様書を作成し、作業に関する質の確保やモニタリングの仕方等を決める必要があります。つまり、実施過程において計画、設計、運用及びモニタリングという PDCA サイクルを構築することになります。政策過程の入れ子構造が政策実施に生まれるわけです。その意味で政策実施は政策過程の全体が現れる世界といえます。

　ただし、実施計画は政策決定の範囲内で定めることが民主的統制の観点から要求されます。政府組織では政策決定で実施にかかる経費の上限が予算として定まるからです。

道路事業の例
　このため政策実施において詳細内容を決定することと政策決定における実施の統制の必要性を調和させることが公共政策の管理の基本です。両者をうまくバランスさせるシステムを構築しているのが我が国の公共事業の仕組みです。ここでは道路事業について考察しましょう。図4-1 は計画から供用、管理までの一連の事業の流れを示しています。最初は混雑度や交通事故などの交通調査や現況調査から将来交通量を推計して、道路の改修あるいは整備

の必要度を検討し、道路計画を策定します。次に「概略設計」においては環境影響評価や地質調査を踏まえルートの比較検討を行い技術的・経済的・景観的・社会的観点等から最適案を提案します。次いで、「予備設計」として最適ルートに沿った中心線を選定し線形及び構造（概算工事費）を定めます。そして「詳細設計」において工事用の図名及び工程別の数量計算を行い工事費も算定します。この詳細設計に基づき予定価格を積算し工事を民間業者（建設業）に発注し、施工、完成後の供用及び維持管理ということになります。

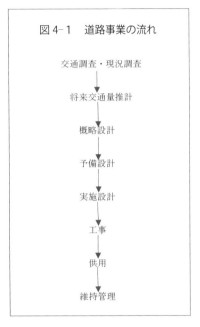

図4-1　道路事業の流れ

交通調査・現況調査

↓

将来交通量推計

↓

概略設計

↓

予備設計

↓

実施設計

↓

工事

↓

供用

↓

維持管理

　この流れから明らかなように、路線が設定されても、すぐ実施（工事）になるわけではありません。3段階の設計を経るには時間と予算が必要になりますから、単年度で路線決定から工事の実施まで完了できません。概略設計、予備設計及び詳細設計にかかる経費の予算化、さらに工事費の予算獲得が必要です。路線単位の議会審議がない場合でも予算内訳としての査定ないし内部配分（いわゆる「箇所付け」）が存在しますから、先の政策過程モデルの決定から実施及び評価から決定へのフィードバックを少なくとも4回（3回の設計及び工事）は経験することになります。設計業務自体は建設コンサルタントに外注されるのが通常で、その納品成果物の検討時間を考慮すると最速でも4年程度の期間が必要になります。この点が早期に業務を完了しなければならないワクチン接種や経常的な行政サービスなどとの違いです。道路事業の予定区間の地質や周辺の環境（埋蔵文化財の有無など）により工法や工期・工事費の不確実性がありますから、段階を経て詳細な設計を行う手続きは事業の信頼性や質の改善を図る（不確実性を低減する）PDCA的な事業

展開ともいえます。

　道路事業者の指針である「土木工事設計要領（令和 4 年 2 月）」の道路編第 1 章道路設計において「設計の各段階ではそれぞれの時点での課題と問題点の抽出を行い、各種の検討や検証を行ってよりよい結果へと導くことが肝心である」と述べています。この改善論理が成立するには発注者である国や自治体と委託・請負業者との癒着関係がないのは当然のこと、概略設計・予備設計・詳細設計の担当業者が同じでないこと（少なくとも担当者が違うこと）及び設計業者と工事を請け負う業者との間で情報交換がないことが要件になります。もちろん、こうした時間をかけて実施に向けた計画・設計の精度を高めていく手続きは、道路整備への需要が予算額に比して大きく、事業の待ち行列対策という側面もあったかもしれません。計画から供用まで 10 年以上要するのが普通でしたので、その間に計画が進捗していることを地元関係者に示すことは行政としても重要なコミュニケーションだったと推測されます。

　政策実施については、政策形成及び決定で想定した状況と異なる事態になるときにどのように対処するかです。目的と資源及び処方が決定されていますから、その範囲で努力するわけですが、実施側の努力でいかんともしがたい時には資源や処方を変更する必要に迫られます。目的は変わらないはずですから、計画や想定以上の人員や経費を必要としたり、実施の完了時期が伸びることがあります。資源の増が必要の時は補正予算等で政策決定の修正をしなければなりませんし、遅延の場合には繰越等の手続きが必要です。行政内部の流用や移用等で対応可能な時にも実施に係る部分を委託など外注している場合には契約変更（事業内容及び契約金額など）をすることになります。先の工事関係では地盤条件の違いや工法変更などから設計変更による契約額の増額を繰り返し、業者との当初契約を前提にした修正になって競争性がなくなる問題や適正な契約変更がされない問題が指摘されてきました。国土交通省から工事請負契約における設計変更ガイドラインの制定により、手続きの明確化と透明化が図られましたが、実施にかかる手続きの効率と統制をどう確保するかの課題は残されています。

３．実施の現場：ストリートレベルの官僚制

　実施に当たる公務員がＰＡ理論のように利己的な行動をすると仮定することへは第一線職員から強い異論があります。政策実施を行政の現場で担う第一線の公務員は政策決定や法令・指針等にしたがいますが、現場の仕事に際してはこれら法令等では業務を遂行できません。現場での裁量性・判断に任される（規定されていない）部分が細部では残るからです。すべての事態やケースを想定して指針等を策定することは不可能です。第一線公務員Ａは上司や管理者Ｐが統制・監視できない裁量行動をしますし、せざるを得ない部分があります。この裁量性と行政サービスのうち市民と相互作用する点に着目したのがリプスキー（Lipskey, 1980）で、「ストリート・レベルの官僚制」と定義しました。

　現場の市民と向き合う公務員は、職務に関して専門的職業倫理を持って仕事をしています。特に保育士や教師、ソーシャルワーカーやケースワーカー等は社会のために働いているという意識（prosocial）が仕事の動機づけとなっています。しかし、法令や国の指針等と自己の職業倫理・規範とが抵触してジレンマに陥ったりストレス状態を覚えることがあります。また、抵触しないまでも過重な負担を職業倫理で応えようとして心身の不調から離職に追い込まれること[34]もあります。リプスキーの研究以降、我が国でも生活保護を担当するケースワーカーに関する実証研究が増えてきました。そこでは国の生活保護政策や財政制約から生活保護認定や給付の厳格化方針と生活困窮者を支援するという使命とのギャップに悩み、ケースワーカーのストレスを少なくし国の方針との整合性をとるための現場の行動原理（申請作業を煩雑

34　田尾・久保（1996）による看護師を対象にしたバーンアウト研究が参考になる。

にすることにより申請件数を絞るとか受給者に誓約書を書かせて統制しやすくしようとすることなど）を過去に採用したことが明らかにされています。最近でも2017年に某市のケースワーカーが生活保護受給者をおどすととられかねない文字を付したジャンパーを着用していたことが話題になりました。これは受給の不正を許さない意思を示すものであるものの、担当職員の職務ストレスへの対処方策の負の側面とみられます。

　こうした第一線公務員の対応から結果として政策目的が達成されない事態が生じる可能性があります。もちろん、生活保護の最終目的は受給せず自立した生活を送れるように支援することですが、その目的はケースワーカーの活動以外に受給世帯の属性や行動が大きく影響します。多くの保護世帯が高齢層になっていること[35]を踏まえると、自立支援の制度の目的・趣旨と現場の活動目的とのギャップは少なくありません。こうした場合には実施から政策形成や決定へのフィードバックが肝要ですが、制度の究極の目的を変える正当な理由や説得ある議論は政治的に容易ではないでしょう。

　問題の構造化に戻った整理が必要であり、そのためにも政策実施の現場のジレンマや課題を超えた次章で扱う評価が重要になります。

　実施現場の裁量性はストレス対応から政策目的に逆に作用する場合でした。しかし、専門的な知識・経験を法令等に抵触しない範囲で裁量性が働くと正と負の両方に作用します。これは法令等による管理や統制が現場の行動を観察できないことの他、専門職による情報の非対称性が管理者である国や監督機関との間で生じることによります。医師による各種検査の実施や診療報酬の請求事務は相当程度の幅があり、病院収入の増加を可能にする[36]反面、医療費全体の増額（公的医療保険の支出増）を招きます。公的病院の経営改善に資する医師の活動変化が医療費の拡大になり、メゾレベルの政策目

35　厚生労働省（2022）「生活保護の被保護者調査（令和4年3月分概数）」によると高齢者世帯は全体の55.9%であり、大半は単身世帯である。

36　通院していた公的病院で、同じ診察内容にかかわらず従前は初診料・再診料だけの診療費が独立行政法人化して検査料として別途徴収して請求金額が4倍程度になったことがある。

的とマクロの政策目的でトレードオフを生じます。実施における現場の行動変化を政策決定及び政策実施のモニタリングで確認する必要性が理解できると思います。また、技術的な専門性からくる裁量性としては、工事の協議や交渉を円滑にして着工を早期にする工夫（工事担当からすると正の効果）もあります。先の道路工事を例にすれば、路線決定の前に整備する予定道路沿いの都市計画の用途区域を準工業地域などに変更してもらうように交渉し騒音振動規制に関し地元合意を得られやすくした[37]ことがありました。さらに、河川や鉄道を跨ぐ道路整備については原因者負担が原則ですから、相手の負担が大きくならないよう道路側の事情で工事をする技術的に合理的な説明があれば協議が進む可能性があります。

　こうした工夫は暗黙知に近い部分もありますが、裁量性を活かした現場の工夫と理解できます。もちろん、合理的な理由なしで相手に譲歩して着工を急ぐことは法令にも専門職倫理にも反することは当然です。さらには、現場裁量の悪質な利用も表面にでにくい[38]ですが内部監査等で厳重にチェックし抑止する必要があります。

４．新型コロナウィルス感染症対応地方創生臨時交付金

自律性とアカウンタビリティ

　政策実施は政策決定があって行われるものであり、公的分野では財源についても前もって手当される必要があります。そのため、政策目的と政策実施

37　現在ではこの個別の技術的な事前対応が制度化され、幹線道路の沿道の地域については、近隣商業地域、商業地域、準工業地域または準住居地域のうちから適切な用途知己を選定することとされた（「用途地域及び特別用途地区に関する都市計画の決定・運用について」平成5年6月25日建設省都市局長通知）。
38　かつて裁判官であった人と研修で一緒だった時に聞いたものに、書記官が公判にきた芸能人に対し本来は1通でよい書面を2通示し、両方にサインをしてもらい1通を取得したというものがある。

を関連付けるためどのような統制がよいかという論点があります。公金を原資とするから特定の使途に使用されるよう投入・過程の統制をするか、それとも成果に焦点をおいた管理としその使途や方策は自律性を付与すべきという対立があります。第一線公務員の管理問題とは現場と専門性の制約からどちらの統制も不可能な点でした。2020 年から始まった新型コロナウィルス感染症の対策は、国の財政出動で感染対策及び社会経済対策を講じるものでしたが、自治体が事業主体として実施するものも多くありました。

　「新型コロナウィルス感染症対応地方創生臨時交付金」はその名の通り臨時的な地方への交付金で平成 2 年度補正予算から始まりました。直接的な感染症対策以外に飲食店等への休業への協力金やコロナからの社会経済回復のため地域創生への事業等に交付されます。平成 4 年度予算を含め総額約 16 兆円の多額になっています。この交付金自体の評価は別稿に譲り、ここではどのように自治体に配分され実施されているかに着目します。

　臨時交付金で迅速に資金を供給し事業を実施することが優先されていますので、交付金や実施計画の事前審査は簡素化されており、基本的には感染症対策以外に社会経済対策に寄与するものであれば交付される自由度が高い実施方策です。何に使用するかというより計画した目的を達成したかに力点をおいています。

　最も金額が多いのは飲食店などの休業に伴う協力金に充てる資金で「協力要請推進枠等」として 8.6 兆円です。飲食店の休業が感染抑制にどの程度寄与しているかの科学的証拠は示されていませんが、感染初期の発生者が多かった所ではありました。ただし、休業を余儀なくされた業界もありますので公平な対策かという議論は残ります。

　次いで多いのが地方単独事業分の 4.65 兆円です。これは、自治体が内閣府に提出する実施計画に基づく事業費用のうち自治体に交付されるもので人口、財政力、感染状況等に応じて配分されます（上限値も設定）。

　具体的には表 4-1 に示すように感染対策よりも雇用維持・事業継続に充てる経費が多くなっており、基本的に地方創生に関係させれば直接的な感染

対策でないものも含まれます。このため、目的外使用だとかの批判があります。

表 4-1　地方創生臨時交付金による経済対策 (令和 3 年度第 5 回提出後)

項目	事業数	事業費 (億円)
Ⅰ．感染対策	25,059	8,251
Ⅱ．雇用維持・事業継続	14,638	16,680
Ⅲ．経済活動の回復	8,986	4,367
Ⅳ．強じんな経済構造の構築	7,638	1,321
計	56,321	30,619

実施と成果管理

　実施計画の例として栃木市の令和 3 年度のものをとりあげます。多くは国の事例集に先行例がある事業で、全体では 64 の事業数になっています。

　内閣府の指定する計画の様式として成果目標と地域住民への周知方法があるのは、成果管理と説明責任の観点から妥当なものと判断されます。課題があるのは、64 事業のうち成果目標に記載があるのが 15 事業にすぎないことです。また、可能な限り定量的な指標を設定するものとされていますが、定量かつ成果を示すものは少なくなっています。認定農業者の就農継続のための支援について「認定農業者・新規就農者の維持」とあるのは良い例です。しかし、学校への ICT 設備導入につき「学校教育に ICT を導入する後押しをする」を成果目標としているのは指標の設定・成果の定義として不十分で効果の検証も困難です。

　こうした状況は栃木市だけの問題でなく全国に共通するものです。実施のアイデアや方法に際し地方の自律性を与えることは地方創生の見地からも適切ですが、自律性とセットで成果に関する統制を組み込まないと公金のアカウンタビリティに欠けることになります。

　もちろん臨時交付金はその名の通り臨時のもので経常的な地方交付金とは性格が異なります。そのためか、内閣府の地方創生推進室は「地域未来構造

20 オープンラボ（自治体×専門家×関係省庁）」を構築し、交付金を活用し地域で取り組むことが期待される政策分野 20[39] を特定して政策形成支援のプラットフォームを作っています。20 のうち感染対策・デジタル化・グリーン以外は地方創生に力点がある分野です。自治体からはニーズ、専門家からは専門家提案、そして関係省庁からは支援策が提示され、相互にメリットがある形式で地方創生を推進しようとしています。短期間（3 年程度か）ながらも国の政策決定と自治体での政策実施及び専門家による支援という体系ができるのは公共政策のラボ（実験）としては意義ある試みです。国・自治体とも政策形成や分析に割く時間と人材が不足していて効果的な政策を提案できなくなっていますから、専門家の能力や発想を（公金を投じて）活かすのは一定の合理性があります。巨額な交付金を効率よく消化する仕組みとかコンサルタントやシンクタンクの受注バブルという揶揄した見方も当然あります。ですから感染症対策と地方創生の実効性に優れた政策デザインと実施になり、自治体の政策形成や分析能力の向上につながっていくか担当する職員以外に国民・地域住民も見守る必要があります。省庁の政策と自治体のニーズは実施計画書で公開されていますので、専門家の関与（金額を含め）がどのようにされたかの情報開示がアカウンタビリテイの確保及び今後の政策のために必要と思います。

5．実施研究の新しい動き：ポジティブ・アプローチ

　プレスマンらの実施に係る研究、現場の裁量性を扱ったストリートレベルの官僚制の研究も、どちらかといえば政策の意図とは異なる方向性が政策の

39　3 密対策、発熱外来、キャッシュレス、行政 IT 化、防災 IT 化、脱炭素社会への移行、スーパーシテイ、地域経済の可視化、教育、医療、地域交通体系、文化芸術・スポーツ・コンテンツビジネス、リビングシフト、ハートフル、強い農林水産、地域商社・観光地域づくり法人、物流の進化、新たな旅行、商品券・旅行券、事業構造改革

実施の局面で起こることに着目しています。学術研究においてマイナスの影響や批判的アプローチをとるのは、政策の隘路や欠陥を示すことでより政策の改善や見直しに資することになり決して間違っているわけではありません。しかし、公共政策も政策実務や実践に何ら反映されないとか、役に立たなければ意味がありません。実際、実務家の関心は、失敗や批判よりもどうしたらうまくいくか、成功するにはどうすればよいかというものが多いのです。もちろん、こうした需要に応えるべく、コンサルタントや会計検査院等の機関も優良事例（グッドプラックテス）とかハンドブック類を作成しています。国内外での「成功事例」から政策過程モデルに沿って各過程にどのような工夫や対策が講じられたかを解説し、全体からの教訓をまとめています。

　しかし、優良事例だけを集めても、それがどうして成功したのか、本当に抽出した項目は成功要因なのか、因果関係があるかは明らかにはなりません。そこで、公共政策や公共経営において学術的な厳格さは維持しつつ失敗でなく成功に学ぶアプローチがオランダのユトレフト大の研究グループから最近提案されています。スコット・ダグラス（Scott Douglas）、ポール・ハート（Paul't Hart）らの行政学者から「肯定的行政学」（positive public administration）という考え方です。もちろん、これは批判的（critical）アプローチとの差別化から使用されている呼称です。ポイントは、従来の研究はマイナスや批判が主たるものであったものを、もっとプラスや成功したものに焦点をおいて、その理由を学術的に明らかにしようとするものです。したがって、単に優良事例を収集して分析するのでなく、国際比較を含めた成功・失敗の事例研究、定量研究及び実験研究を通じて成功の要因を特定化しようとします。

　2019年から始まったばかりで、これからの研究成果が期待されますが、心理学や組織論及び評価研究におけるポジテイブ・アプローチに影響を受けたものです。

第 5 章　政策の評価

1．政策過程としての評価（事前と事後）

事前評価と事後評価

　政策過程モデルにおいて評価は実施の後に位置づけられています。そのことから評価は事後評価の意味合いで語られることがあります。しかしながら、評価は政策形成の段階で他の政策案との比較において事前評価としてもなされます。米国での 1960 年代以降の偉大な社会構想で政策科学研究が盛んになりプログラム予算（Planning, Programming and Budgeting system; PPBS）も実施され、その中で費用便益分析が社会プログラムも発達しました。

　我が国でも土地改良法（昭和 24 年法律第 195 号）や道路整備特別措置法（昭和 31 年法律第 7 号）に基づき、土地改良事業及び有料道路事業については、1950 年代から費用便益分析が義務付けられ費用便益比が 1 以上（正確には事業借入金を期限内に返済できる償還主義も満たす必要がある）であることが事業採択の条件になっていました。つまり、国民経済的に事業の便益が費用を上回ることです。また、道路整備においては道路整備五か年計画のマクロな国民経済効果が計量経済モデルで計算されていましたから、道路整備全体としての政策レベルでも部分的には経済計算が政策形成・決定に使用されていたことになります。

　ただし、どの軍事技術や装備が最も効率的かといった分析は OR が得意としても、政策の全てについて費用便益分析のような合理的な事前評価をする

のは技術的に困難です。また、PPBS の厚生経済学的アプローチは政策決定を技術的に実施することになり政治的関与を低下させることになり政治家からの反発から「挫折」した歴史（Schick,1973; 宮川 ,1994）があります。

　こうした経緯から 1980 年代は事前評価により直接政策決定に寄与するというよりも、政策を総合的な観点から意図した効果や意図せざる効果を含めて事後的に評価することが評価実務及び研究の中心になります。米国会計検査院（当時は General Accounting Office; GAO）等においてプログラム評価として実施し、議会審議などに報告していました。会計検査や監査の事後的かつ信頼性のある主体による評価は政治的中立性という点でも評価活動を円滑にし、GAO は監査基準（Government Auditing Standards）のなかでプログラム評価を監査の一部に組み入れています。米国評価学会（AEA）の創設が 1986 年であった理由にはこの時代背景があります。

業績評価としての評価

　1990 年代に入ると戦略的後退といわれていた評価は政策過程モデルにおいて重要な役割を果たす機能として世界的に焦点が当てられるようになります。成果重視は自ずと事後評価による業績に焦点をあてることになり、業績を確定してそれを活かす政策過程という発想は、計画や政策形成を重視する従来の政策過程と逆のものでした。その考え方は市場原理と民間経営が組み合わさった NPM であり 1980 年代にニュージーランド、オーストラリア、英国で始まり、米国にはクリントン大統領下のゴア副大統領が主導した国家業績検証（National Performance Review; NPR）として採用されました。

　NPR はオズボーンとゲーブラー（Osborne and Gaebler, 1992）の『行政革命』（Reinventing Government）に強い影響を受けており、行政革命では NPM の先行例としてニュージーランド[40]や英国での成果志向や顧客志向あるいはエージェンシー化などが紹介[41]されています。NPM は経営的な側面があると同

---

40 NZ の行政改革については Boston et al.（1996）と和田（2000,2007）を参照。

時に政策過程を成果志向・顧客志向・市場原理・分権志向で再編成しようとする点において序章で述べた政策と経営が連携したものといえます。

　NPR の概念は超党派の立法として政府業績成果法（Government Performance and Results Act of 1993;GPRA）として成立し、戦略計画、年次業績計画及び年次実績報告の提出又は報告に関する規定が設けられました（その後 the GPRA Modernization Act of 2010 に改訂）。行政府の行政管理予算局による統制以外に立法府の議会による事前及び事後統制が政策過程に組み込まれた形式になっています。

　これは、PPBS が行政府内部の予算改革であったため政治的支持を得なくなった反省を踏まえた点で実効性に配慮したものといえます。ここでの目標及び指標は成果に関するもので、費用便益分析やプログラム評価の効果とは違う業績測定です。5 年間の戦略目標を毎年度の業績測定でモニタリングし、目標の達成度をチェックし、予算に反映しようとします。客観的な因果関係を追求する評価（研究）からすると「粗い」手法といえますが簡略化されて国民・議員にもわかりやすい計画及び報告です。業績指標で活動を測定し、マネジメント・サイクルを廻すことで業績を改善したり、戦略計画終了時に見直せばよいと考えます。成果志向・結果志向ということは業績の実績指標がどうなっているかに焦点をあてるということで、政策形成との関係は活動と成果をつなぐロジック・モデルで示されます。図 5-1 は中途退学者を減らす施策に関するロジック・モデルの例 [42] です。最終成果に至るプロセスが資源の投入から順次示すことで、どのような活動が成果をもたらしているかを示し、インプット、プロセス、アウトプットとアウトカムを指標により定量化・図式化します。

41　行政革命でもエージェンシーは紹介されており、ゴア副大統領は NPR で米国でも同様のものを導入したい意向を示していたが議会制度の違いもあって断念した経緯がある。

42　ただし、この例ではインプットとプロセスに関する記述がなく、活動 / アウトプットからロジックが展開されている。資源の投入や統制不可能な外部環境の要素が排除されている。

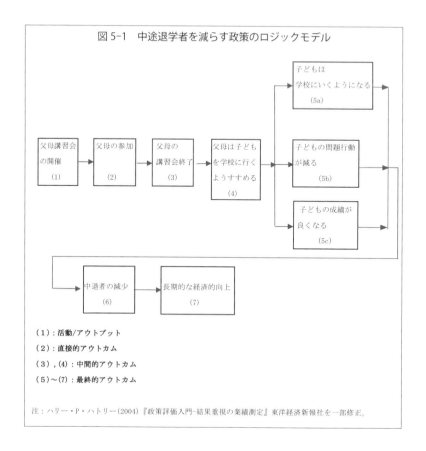

図 5-1　中途退学者を減らす政策のロジックモデル

（1）：活動/アウトプット
（2）：直接的アウトカム
（3）,(4)：中間的アウトカム
（5）～(7)：最終的アウトカム

注：ハリー・P・ハトリー(2004)『政策評価入門-結果重視の業績測定』東洋経済新報社を一部修正。

NPM と評価

　欧米での成果志向は、我が国でも衆議院議員であった北川正恭氏が 1995 年三重県知事に当選して導入されることになりました。北川県政の「さわやか運動」は、「サービス・分かりやすさ・やる気・改革」の頭文字をとったものです。そこでは事務事業評価システムが核となる改革が推進されます。北川知事は行政における計画・予算重視を結果・成果重視に切り替える方針を次のように明確にしています。「行政の管理システムである Plan（企画）、Do（実施）、See（評価）のうち、従来の行政に決定的に欠けていたのは See（評価）の部分である。その結果、職員は予算獲得にあたっては全力を注ぐが、

事業が終われば後は知らないという県民からみれば全く無責任な体系が生まれる」（北川,1998）。ここには、成果・決算重視と行政の県民への責任を基盤に県政を運営する方向が示され、(事後)評価システムを起点に政策過程（行政管理サイクル）を廻す理由が説明されています。

　北川知事も実務面での責任者であった梅田氏も翻訳版の『行政革命』を1995年の出版直後に読んでいたとのこと[43]ですが、事務事業システムの背景にある理念がNPMに近かった、あるいは、NPMに共鳴する部分が多かったため、行政システム改革として発展していったのだと思います。もちろん、業績測定として評価を実務面で使用できるようにした邦訳本の出版元日本能率協会マネジメントセンターの技術的支援も大きかったと思われます。

　1997年度から本格適用されるようになった三重県の事務事業評価制度は制度論の説く模倣的同型化として全国の自治体に適用されるようになり、米国での地方から連邦政府への流れ[44]と同様に国の行政改革会議の1997年最終報告として「評価機能の機能充実」に反映されるようになります。

　ただし、注意深く最終報告を読むと三重県との違いがわかります。

　「〈1〉評価機能の充実の必要性」では「政策の効果について、事前、事後に、厳正かつ客観的な評価を行い、それを評価立案部門の企画立案作業に反映させる仕組みを充実強化することが必要である」と述べており、国では事後評価に力点をおくというより事前評価を含む「評価機能の充実」です。

　また、「〈2〉各省における評価機能の強化」では「政策の企画立案には、政策の効果分析や評価が不可欠なものであり、政策の評価は各省の重要な機能となるべきである。このため、各省の本省組織に明確な位置づけをもった評価部門を確立すべきである」とし、政策立案部門、政策実施部門と区分された評価部門の創設が謳われています。独立行政法人制度等、政策立案と政策実施を区分する発想が強かった傾向が評価にも表れているのかもしれませ

43　朝日新聞編集委員であった中村氏によると知事選の前に梅田氏は読んでいて、当選後の5月の内部会議で北川知事も『行政革命』をまとめたメモを出したという。中村（1999）参照。
44　他方、英国やニュージーランドでは中央政府から地方政府・自治体に集権的に評価制度が導入された。

ん。しかし、政策過程モデルに照らせば容易にわかるように、政策形成過程は事前評価と政策立案が一体となったものですし、評価過程は事後評価としての評価活動の一部になり、組織的に機能分離するのは困難です。何より、同じ課で政策立案、実施及び評価をするサイクルが局や省全体のサイクルの内側にあるはずですし、従来の問題はこのうちの事後評価機能の軽視、政策立案の偏重にあったと思います。おそらくは評価の客観性を意識して評価部門を別途設置する仕組みが考案されたと考えられます。これは、同時に評価と予算あるいは計画との連携に課題をもたらす要因にもなったのではないかと思います。

　制度の導入を公共政策の一つとみるならば、この間の展開は極めて速く、かつ、成果志向を既往の行政システムへ層化するものとしての政策転換と理解できます。旧通産省（現経済産業省）では 1998 年 3 月には「政策評価に関する研究会」が発足しており、政策評価制度を管轄する総務庁での研究会（「政策評価の手法等に関する研究会」）が遅れて 1999 年 8 月であったのと対照的です。近年でも EBPM の適用などで経済産業省が積極的なことにつながる動きです。

２．評価の機能と種類

内部評価と外部評価

　政策過程における（事後）評価の役割を再認識させたのが NPM だとして、評価にはどのような機能があるでしょうか。評価の過程と結果に着目すると、過程において内部者の行政当局は政策の成功・失敗の原因や執行の状況を知ることができますし、外部者は自ら評価に参画することで政策内容について理解を深めることができます。他方、結果において内部者は政策の改善に役立てたり修正しようとし、外部者はアカウンタビリティ情報を得ます。内部

評価か外部評価かの違いです。行政内部での改善ならば、どこを修正すれば
よいか、行政外部へのアカウンタビリティには何に対して責任を果たしたか
に関する情報が重要になります。もっともアカウンタビリティは準拠性か経
済性・効率性・有効性かなど多角的な観点があります。成果重視は効率性や
有効性に関するアカウンタビリティを強調しますが、民主制下においては成
果以外に手続きや過程の透明性も要求されます。ただし、執行の内部にかか
る情報がないと業績改善などの状況が把握しにくいため、内部評価は改善目
的に適合的です。反対に、アカウンタビリティは第三者による客観的な検
証が信頼性確保のため重要ですので外部評価が適合しています。政策評価の
目的が効率性の改善やアカウンタビリティの向上にあるとされますが、内部
者による政策の評価は第三者性がありませんので評価を所定の手続きで実施
し外部に報告するだけではアカウンタビリティは十分果たすことはできませ
ん。業績指標による業績測定の場合であっても第三者による検証を経る必要
があります。

　その意味では米国の GPRA も我が国の政策評価法（正式名称は「行政機関が
行う政策の評価に関する法律」（平成 13 年法律第 86 号））による政策評価及び自
治体の行政評価さらには独立行政法人の業績評価は、いずれも内部評価です。
制度創設初期の「政策評価の円滑かつ効果的な実施について」総務省行政評
価局長通知（平成 15 年 6 月 4 日）で「政策のマネジメント・サイクルの中に
政策評価を制度化されたシステムとして明確に組み込む」と位置付けていま
す。また、「政策評価の基本方針」（平成 17 年 12 月 16 日、閣議決定）において「政
策評価については、各府省が、その所掌する政策について自ら評価を行うこ
とが基本になる」とし、この立場を明確に示しています。三重県などの自治
体の事務事業評価等は名称に政策という用語はなく総務省の取りまとめ資料
でも「行政評価」を使用し、行政内部の評価である旨を示しています。また、
独立行政法人については主務大臣（地方独法では設立団体の長）が評価を行
い、業務・組織の見直しを図ることになっています。もちろん、政策評価に
は総務省の政策評価審議会、独立行政法人には独立行政法人制度委員会（地

方独法では評価委員会）、自治体の行政評価には外部評価委員会等が設置され、第三者によるチェックがなされていますが、いずれも行政内部に設置されていますから内部評価に位置づけられます。このことは、行政を中心にした（内部）評価制度になっていて、政策過程において議会や市民の活動や作用をどのように考慮するかの視点が別途必要ということを示しています。

評価制度

したがって、我が国における（内部）評価制度は、①事前・事後のプロジェクトベースの評価、②事後的な実績評価、③事後的な総合評価そして④事後的な組織評価に区分できます。

①は公共事業の費用便益分析、規制影響分析、租税特別措置の費用対効果分析及び研究開発評価が主たるものです。いずれも事前・事後（場合には期中）の評価を行い、事前には事業実施の正当性、優先性や経済性についてチェックし、事後には経済性の再評価を行います。政策評価法が成立する前から実施されていたものですが、政策の一部[45]の領域に限定されます。

②の実績評価は業績測定に基づくもので、成果に関する指標と目標値を設定し、目標の達成度を測定します。行政評価や政策評価法で本格的に導入されたものです。全ての施策単位や事務事業単位につき実施される悉皆的なもので我が国の評価の中心です。

③の総合評価は、施策単位で政策の有効性などを総合的に評価するもので、米国のプログラム評価に相当します。

④の組織評価も政策評価と同時に導入された独立行政法人制度において生まれた事後評価です。実績評価が施策や事業単位であったのに対し、組織業績を単位とする評価であり、業務実績をサービスの質や効率性の改善の観点から項目別に評定します。国立大学法人・公立大学法人の評価や大学の認証評価もこのタイプに含まれます。

---

45 EBPMをプロジェクト単位で行う場合にはこの事前評価に該当する。

　以上の制度評価のうちプロセスに焦点をおいたものは形成的評価（formative evaluation）と呼ばれ、③の総合評価のうち改善を目的にするものが該当します。成果が十分でなかった原因を究明しないと改善策が見いだせないからです。その他の評価は基本的に政策・施策・事務事業あるいは組織の単位はともかく有効性がどうか、成果が十分かを評定しますから、包括的評価（summative evaluation）といいます。アカウンタビリティ目的及び予算や人事へ評価結果を連動させるには包括的評価が適合しています。

3.　評価への期待と実態

評価のマネジメント

　評価は政策過程モデルとの関係では、政策形成や決定にフィードバック・反映、政策の廃止・終了に至ることが想定されています。同じ行政内部の政策マネジメントとしても、この機能を発揮することは容易ではありません。

　まず、事後評価を成果に焦点をおいて実施するには、成果のデータを入手する必要があります。ロジック・モデルが作成済で業績測定方式であっても、統計データや成果に関する業務報告は早い場合でも次年度に入らないと入手できません。しかし、翌年度の予算や計画は本年度の終了時には確定している必要があり、本年度の成果（実績）を翌年度の決定に反映させることは不可能なことです。

　これを可能にするのは予定成果を測定するシステムを開発する必要があり、実績に基づきアカウンタビリティを判断するという評価のもう一つの目的と不整合になる可能性があります。予定成果は精度や信頼性の点で責任を検証する上で高い信頼性を要するアカウンタビリティの業績測定の基準を満たさないかもしれないからです。

　また、迅速な測定が可能だとしても評価の実施主体である行政機関と政策

（予算）決定する主体（議会など）が違いますから、評価結果が的確に決定主体に報告され活用されねばなりません。行政組織内部でも評価を実施し、全体を調整する部署（評価担当）と計画・予算を担当する部署（企画や財政担当）は異なるのが普通で、総務省の自治体への全国調査[46]でも行政評価の予算査定への反映は進んでいません。

評価に関する需要と供給

　評価については、制度的な評価及び研究者の行う評価の両面から需要（利用者）と供給（評価者）の観点から議論（Pawson, 2006）がなされています。

　まず、制度面からは意思決定者である政治家が評価を利用することは少ないことが実証研究から明らかになっています。これは行動経済学や心理学者（Kahneman,2011）が説くように、人間の意思決定で合理的な根拠に基づく慎重な判断というより信条や経験に基づく判断が優先される傾向がもともとあることによります。さらに、政治家の意思決定に使用する情報源として、行政府の業績測定や評価は低く（Askim, 2007,2009）、地元住民や支持者・所属政党（会派）からの情報・意見やマスコミなどの情報が高くなっています（Yamamoto, 2008）。

　ただし、政府の業績情報の利用が低いから評価システムや情報公開制度のような透明性や説明責任を高める制度が機能していない、あるいは費用対効果の点で問題があるという意見は短絡的です。情報が多ければ説明責任が自動的に高まるわけではありませんが、民主的統制として情報開示制度や評価制度による業績情報等の報告は利用機会が少なくても重要な役割を果たす装置や規律保持の見えない機能を果たしています（Pollitt, 2006）。

　また、行政以外の非制度面からの供給である研究成果としての評価情報について政策研究や実践的研究がなかなか政策現場（政治および行政）において活用されないことも問題視されています。しかし、この点も研究者のアプロー

46　総務省は長年行政評価の実施状況につき調査を実施していたが平成29年以降、全国的な調査結果は公表していない。このため平成28年10月現在の調査結果に基づく。

チと政策当局者の関心の違い、つまり供給と需要のミスマッチから説明がつきます。研究者は前述したランダム化比較実験 RCT のような厳密な証拠を得て政策の効果を評価しようとします。なるたけ信頼性と客観性の高い証拠を示したいと考えるのが研究者倫理にも適合します。したがって、その結果が確定するのは時間がかかりますし、実験で統計的に有意な差が得られない場合には政策効果があったか否かは明らかでないという報告となります。一方の政治家や行政官は新しい政策を採用するかあるいは既往の政策を継続するか廃止するかの検討や決定が求められていますから、明確な結論（政策が有効かどうか）が意思決定時に得られる必要があります。

　この合目的性と適時性を満たすことは研究者からすると高い要求です。統計的検定以外に実験の条件やデータの代表性（政策の対象者とされる層を代表した標本か）から一般性を確保できるかを科学的に証明するのは厳しい条件です。実験が不可能（不適切）な政策領域もありますので研究で明らかにできる信頼度が低い評価になることもあり得ます。こうした場合、研究者は断定的な表現を避けますので政策決定に際しては評価結果が支持・肯定材料にならない事態となり、政策側の需要に応えることはできません。そして、政策決定側にとって自ら推進したい政策を支持しないあるいは否定する研究には無関心となります。もちろん政権や首長に反対の会派の政治家にとって、効果が否定的な研究は批判材料として価値を有しますが、そのことで反対会派の政策形成に寄与するものではありません。このため、研究者の評価研究のごく一部が政策当局の関心を引くことになり政策研究の多くは政策現場で考慮されないことになります。

　外部者による評価研究と違い制度化された評価は内部評価・自己評価である点に限界があります。しかし、ポリットも指摘したように所定の様式で実績が測定され報告されることは、政策過程の透明化と市民や議会が必要なときに情報にアクセスできる機会を確保したことになります。

　業績測定型の評価では成果が目標値に達しているときも未達のときも、その要因を特定化するのは難しく、改善や学習には制約もあります。それでも

政策研究としての評価が研究者の学術的関心から特定テーマにつき臨時的に実施されるのとは異なり、悉皆的かつ定期的（毎年度）に実施される方式（実績評価）は行政のアカウンタビリティ目的には資するものです。政策の実施は安定的かつ継続的になされるため、その成果に関するアカウンタビリティも並行して確保される必要があるからです。

評価と検査・監査

なお、評価と会計検査・監査の違いについても触れておきましょう。政策評価モデルにおいて国の場合には「評価」は会計検査院、府省、議会が担うと整理する文献（伊藤 ,2020）があります。

これは、国家システムとしてみればその通りです。しかし、政策評価法に説くような政策のマネジメント・サイクルとみると各府省が自ら評価することになります。監査や会計検査は会計経理や決算に関しては毎年度すべての会計経理をチェックする仕組みになっています。しかし、そのことはすべての政策の成果や効果について検査・監査をしているわけではありません。どの国の検査・監査機関も成果にかかる業績検査・監査は一部の成果に関して実施しているにすぎないのです。

行政の外部者による成果に関する検査・監査は、独立した外部評価の一つではあります。このため、学説上は政府検査・監査のうち行政活動の業績に関する部分を監査とみる考え方（Pollitt et al, 1999）と評価とみる考え方（Barzelay,1996）に分かれます。検査・監査の主体を中心にみるか、行為を中心にみるかの違いといえます。

4．学童保育の効果

研究者の政策効果に関する評価は政策決定や政策形成に反映されにくいと

いうことを述べました。事例を参考に説明します。子どもの教育は家庭のみ
ならず社会にとって極めて重要で、人への投資という観点や経済成長や社会
的格差是正にも期待される政策分野です。保育における待機児童の問題が解
決されても、小学校入学後の子どもの放課後に安心して過ごせる場所が働く
親にとって切実なニーズです。学童保育は放課後児童クラブとも呼ばれて子
育てと仕事の両立を支える制度として需要が増しています。この学童保育を
利用するのは親の就労や障がいなどにより昼間子どもをみることができない
家庭の子どもです。法制度的には児童福祉法と子ども・子育て支援法の下で
の子育て支援事業の一つです。厚生労働省の所管になりますが、市町村で利
用料を徴収して小学生を預かり、指導員も配置されています。就労支援だけ
でなく子どもの成長という観点から学童保育に効果があるかないかを検証す
ることは、保育や教育への投資と社会的効果（外部性）から公財政支援拡充
を正当化します。公設と民間では利用料が異なりますが概ね利用料と補助金
が半分程度で運営されています。

　日本財団（2018）が実施した分析の一部に学童保育の教育効果に関する事

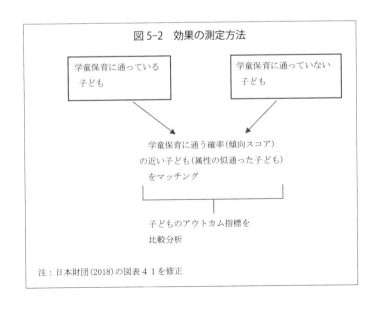

図 5-2　効果の測定方法

学童保育に通っている
子ども

学童保育に通っていない
子ども

学童保育に通う確率（傾向スコア）
の近い子ども（属性の似通った子ども）
をマッチング

子どものアウトカム指標を
比較分析

注：日本財団（2018）の図表 4 - 1 を修正

後評価があります。これは、ある市の児童の3年間のパネルデータを使用したもので、利用による効果を把握するために傾向スコアマッチングという方法により利用者層と似た属性の非利用者層をマッチングさせて比較するものです。EBPMのところで説明したように、ランダム化比較実験（RCT）が最も信頼性が高い手法ですが、学童利用を親や児童の意向を無視してランダムに利用者と非利用者に割り付けることは制度の趣旨からいって適切でありません。この自治体では小学生低学年では全体の約1/4が学童保育を利用し、学年が進行するにつれて利用は低下します。したがってRCTに近い実験になるように非利用者のうち利用者となるたけ似た属性になる集団を選定して比較する方法が採用されています（図5-2参照）。

　そのマッチング比較の結果は表5-1に示すようになっています。統計的に有意な差は1項目（問題解決力）を除きありませんから、学童保育の利用により教育効果があったとはいえません。

　この分析は入手可能なデータを外部の視点から科学的分析により成果評価を試みたものです。しかし、結果は政策当局や利用者・保護者が期待していたものと違い、効果に関して明確な証拠を示さないものになりました。報告書で分析者が述べているように家庭環境に関する情報が少なく生活保護等の受給状況などで経済条件を代理しています。親の学歴や職業あるいは家族構成によりマッチングの処置群（利用）と対照群（非利用）は変わり、その

表5-1　学童保育の効果（マッチング後の平均値）

変数	処置群（利用）	対照群（非利用）	差分	t値
学力平均偏差値	1.875	1.562	0.314	0.55
生活習慣	-1.514	-1.683	0.169	0.18
学習習慣	-1.194	-1.878	0.684	0.71
成功体験	0.722	1.225	-0.503	-0.51
思いを伝える力	0.562	1.491	-0.930	-0.96
問題解決力	0.056	1.807	-1.751	-1.87*

注　＊統計的に有意な差。日本財団（2018）の図表43を一部修正。

差の効果の評価も異なってくる可能性があります。研究者の本分析へのアプローチは客観性を維持していますから、研究成果による情報の供給において誠実な対応と判断されます。それが需要者である政策当局や利用者により直接政策に反映できるものでなかったということです。評価が客観的に実施されても必ずしも政策形成や決定（廃止を含む）に反映されないことが理解できると思います。

　外部者による評価結果が行政の政策過程に活かされるには、使用される用語や志向の論理及び職業倫理の違いについて評価を行う供給者と利用する需要者の双方が理解することが必要です。行政組織内部においても用語や思考様式の違いは小さいものの評価の段階では客観性が配慮され、フィードバック先の政策形成や決定の段階では優先度や必要性あるいは意思決定への有用性が重視されます。

　行政評価の目的が PDCA の徹底や予算への反映が認識されていても、それが実現してないとされています（三菱 UFJ リサーチ＆コンサルティング ,2021）。これも、需要者の予算や計画部門と供給者の評価部門が組織的に別で、評価の客観性からコミュニケーションが不足している面も影響していると考えます。しかし、アカウンタビリティに関しては行政組織として市民や議会に報告義務があり、評価に関する顕在需要が弱い場合でも毎年度成果に関する情報を提供することは民主制下で行う責務であることを認識しなければなりません。

第二部

経 営

（政策実現への資源の管理）

　政策過程の各過程には様々な制度や理論があること、過程を説明する代表的モデルを第一部で述べました。民主制に固有の課題もあることもわかりました。すると、我々に必要なことは、こうした政策過程を通していかに民主的かつ科学的、効果的、効率的な政策を適時・適切に実現していくかになります。実施過程だけでなく政策形成から決定、評価及びフィードバックをどうやって管理していくかです。ただし、政策過程モデルは社会問題の認知から新規の政策案が実施・評価を経て、継続あるいは廃止されるまでの全過程を段階的に示すものであり、順次段階を経るという論理です。確かに問題の構造化や良い政策案を産み出しても、決定や実施で行き詰まれば（過程の段階を踏まないと）政策目的は達成できません。

　しかし、既述したように多くの政策は継続的なものであり、新規あるいは緊急対応が必要な政策以外は決定と実施を繰り返す過程が中心であることに留意しておく必要があります。政策過程では政策の展開フローに焦点が当てられていますが、決定と実施に限定してもそこには異なる主体アクターが関与し各種資源が動員されます。政策過程をトータルに管理するには、過程に関与するアクターと資源を結び付ける政策用具に着目する必要があります。従来の政策用具論は理念先行で方法論として弱い欠点がありました。その後の政策経営や公共経営の進展で政策過程と管理を統合するアプローチが可能になったと判断されます。

　政策過程論のパーツを分析しても全体の過程を民主的に管理する方策を確立しないと政策学は実務に有益にはならず公共政策の目的は達成できません。したがって、分析・決定・評価（in の知識）から過程・実施（of の知識）を強調した路線[47]から再度 in と of を統合した路線を本書の二部で示したいと思います。公共政策の管理・経営（Managing public policy）です。

---

47 ラスウェルの政策形成の「in の知識」と政策過程の「of の知識」の区分である。

第6章　装置やアーツを超えた経営：NATO と資源

1．政策をめぐる活動と資源

　政策と成果・効果の関係は少子化問題を考えればわかるように簡単なものではありません。保育にかかる負担を軽減することは子育て支援になりますが、子育ての経済的負担が大きい家庭には手当などの支給の増額が必要かもしれませんし、子育て世帯の雇用増を通じた経済成長やジェンダーによる処遇格差を是正する経済政策や労働政策とも関係をもってきます。したがって、少子化や子育て支援には可能な政策を総動員すべきという考え方がある一方で、目的に応じた政策を的確に形成し、割り当てることが肝要とする考え方もあります。どちらのアプローチをとるにせよ、政策目的の達成には、成果をもたらす（確率が高い）活動を政府なり政府が働きかけ、主体たる市民や企業などがその活動をとる必要があります。

　気候変動の温室効果ガス排出実質ゼロの目的には、政府による研究開発の他、企業、家庭などの環境負荷を減らす活動が必要ですし、産業構造の転換も要請されます。そのためには民間による省エネ技術の開発やガス排出削減への経済的誘因あるいは情報開示や規制等も必要です。政府自らの活動で問題が解決できない厄介な問題や複雑な問題では、いかに関与者や利害関係者に成果にむすびつく行動をとってもらうかが重要になります。

　もっとも少子化対策には出生数を回復することが必要ですが、出産や結婚は個人の選択であり強制されるものではありません。したがって、政府とし

ては出産を抑制する要因を小さくするか、出産を後押しする外ありません。婚外子や非嫡出子に対する法制度による保護や社会的認識が十分でない我が国の場合には、結婚に対する経済的誘因を付与するか結婚を支援する取組をすることが考えられます。こうした結婚を支援する活動には、資源を必要とし、結婚支度金や税制措置はお金（T）、婚活支援ならばマッチングの情報（N）とお金（T）そして組織（O）を使用します。公権力の行使のAに相当する政策用具の出動はむつかしい状況です。投票率を高めるため罰則規則を設けている国では交通違反と同じく一種の強制措置で政策目的を実現しようとするものです。ただし、交通違反は法律違反の場合ですので道徳や倫理に委ねる場合には慎重でなければなりません。いずれにせよ、重要なことは政策目的と活動及資源の関係を政策形成の段階から明確化しておくことです。

　図6-1はこの関係を示したものです。ある政策には2つの目的があり、それぞれの目的となる成果を実現するには3つの活動（手段）が必要です。もちろん、3つの活動は1つの目的でなく、2つの目的に寄与します。目的を達成する活動の量と質を特定化するのは問題の構造化を基盤にします。

　たとえば、経済成長の政策の下位目的として少子化対策と雇用対策の2つがあるとします。それぞれの目的に結婚支援、子育て支援及び働き方改革の3つの活動が問題解決の要因として特定化されていれば、それらの活動をどのような資源をどれだけ動員す

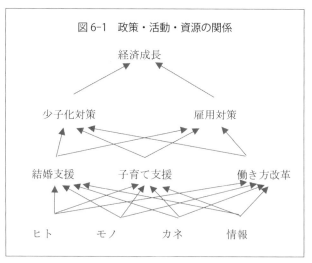

図6-1　政策・活動・資源の関係

れば目指す活動水準に達するかを算定することが政策形成の中心となります。多くの実行すべき政策がありますから、EBPMのように特定政策が有効というだけでは政策の優先度が決定できません。政策効果が認められてもどの程度の費用が掛かるかの情報がないと代替案から特定の政策案を採用する決定は、（費用対効果の基準で）合理的にできないからです。

　このように政策を実現する活動は資源と裏表の関係にあり、片面だけでは機能しません。政策形成や決定において政策志向が重視されることがありますが、資源の裏付けのない活動は正に絵にかいた餅です。

２．政策の経営とは

　NATOは政策用具を記述する概念として有用です。それは問題と政策用具を結び付け問題を解決するものとして政策デザインが定義されますから、政策形成の方法論として使用できます。しかもNATOは政府にとって利用可能な資源として用具を位置づけますので、資源管理としての経営と政策の接続が可能になります。

　もちろん公共政策の管理としての経営は、活動と資源を結び付けて政策目的を達成するものですから、NATOの各用具を具体的にどのように使用するのか、組み合わせるか、実行するかの視点が必要です。このためには政策形成や実施段階だけでなく政策過程モデルにおける各過程でNATOをどのように位置づけ活用するかがポイントになります。アジェンダ設定から評価の段階まで政府活動はなされていますから、各段階において資源を使用します。問題解決の中心は政策形成・決定・実施で政策用具が総動員されます。ただし、問題解決は政策過程の全過程を経てなされ政策用具もアジェンダ設定段階から使用されます。

　表6-1は政策過程と政策用具の関係を整理したものです。まず、アジェン

表 6-1　政策過程と政策用具

	アジェンダ	問題構造	政策形成	政策決定	政策実施	政策評価
Nodality	○	○	○	○	○	○
Authority			○	○	○	
Treasure			○	○	○	○
Organization	○		○	○	○	○

○は主として利用される装置を示す。

ダ設定の段階では何が社会的に問題になっているか、それは政府が関与するものかを把握する必要があります。ここでの主たる用具は N の情報です。定点観測のような世論調査や統計調査あるいはマスコミ報道や SNS などのビッグデータ分析の結果などが代表的なものです。また、行政相談や福祉等の現場事務所での行政組織（O）を通じた統計にならない業務情報の収集も有効です。次の問題の構造化では得られた情報を分析（N）し、問題の構造をアクターと活動の観点から明らかにする必要があります。問題のフレーム化や政策による行動変化の予測には、内部スタッフの知見や経験以外に外部の意見や能力（O）を活用するのが効果的な場合があります。

　3番目の政策形成では問題解決になる政策案の作成とその中での最適案の選定を行います。選定基準は効果があるかないかだけでなく費用対効果で代替案の比較が可能になります。したがって、政策分析の結果（N）の政策案を費用（O）の観点から費用対効果で比較します。この際、いなかる規制（A）を適用しどこが担当する（O）かも政策案ではセットで決めないと案は作成できません。たとえば、地域振興策として地元商店でのみ利用できる商品券を市民に交付する事業案を考えるとき、その商品券の周知（N）なり交付方法あるいは商店の認証（A）をどうするか、どういう体制（O）で一人当たりいくらの商品券（割引券）（T）かを決定しなければなりません。

　政策決定では政策案のうち特定のものが選定されますので、同じ政策用具が使用されますが、情報、方法、金額及び担当部局が確定して議会承認を得る必要があります。予算的には金額（上限）と費目だけですがその裏付け資

料が求められます。政策決定がなされると、政策実施の段階に移ります。この場合にはより具体的な実施計画や仕様・組織（委託か直営かなど、どれだけの人材が必要かなど）を定め、政策決定の範囲内で目的達成を図ることになります。先の道路事業を参照すれば、政策形成は概略設計、政策決定は実施（詳細）設計、政策実施は施工計画に相当すると考えられます。

　最後の政策評価の段階では、実際に得られた成果の情報（N）や費用（T）を入手して政策決定で想定した目標が達成されたか、意図された以外の効果（正と負）があったが実施部門（O）で検証されます。もちろん外部評価も実施されますが、対象は一部になります。

　このように NATO は政策デザインの装置論から出てきた概念ですので、政策立案側に立つ（上から）視点が強い特徴があります。他方、経営は NATO を使って目的を効果的かつ効率的に達成しようとする意味で現場志向の要素が強いといえます。

3．経営モデル

　政策目的の実現を具体的にどのように活動と資源を使用して行うかにつき、NATO に区分される用具をどう位置づけ組み合わせるかは大きく3つの考え方とモデルがあります。表6-2 は3つのモデルを整理したものです。

①伝統的な行政管理論（OPA）
　これは伝統的な行政管理の考え方です。ギューリックとアーウィック（Gulick and Urwick,1937）の POSDCORB[48] に代表される管理技法と官僚制を組み合わせた経営モデルです。Old Public Administration（OPA）という用語

---

48 Planning, Organizing, Staffing, Directing, Co-ordinating, Reporting, Budgeting の7項目。

表 6-2.　経営モデル

	OPA	NPM	ポスト NPM
統治システム	階層	市場	ネットワーク
政策と経営の関係	政策が経営を規定	経営が政策を規定	政策と経営の相互作用
経営の原理	準拠性・指揮命令	業績	成果達成
経営の焦点	投入、手続き	アウトプットと質	アウトカムと協働
市民の位置づけ	受益者	顧客	パートナー
政治家の位置づけ	代表者	戦略的経営者	価値創生者
政策用具			
N	報告	調査	情報共有
A	規制、集権	契約、バウチャー、分権	自己規制、協調
T	補助金	交付金、経済的誘因	PPP, 寄附金
O	官僚制	エージェンシー	連携・分担

　は字のごとく古い印象を与えますが、これはウェーバー（Weber,1923）的な官僚制を原型とすることによります。行政組織の経営体は階層制によって統治されます。原理的に行政府は市民・有権者が代表者である議会の統制を受けて政策の執行を行います。また、行政内部では大臣（首長）は局長（部長）以下の職員に執行を指揮監督します。政策形成や政策決定に際し特別な知識などが必要な場合があり、この場合には外部に業務委託することもあります。

　経営モデルでの焦点は資源投入（インプット）及び手続きにあります。そこで重視されるのは議会で定めた法令・予算への準拠性です。これは問題の構造化がされれば何をどれだけすれば所期の成果がでるかの解明は困難であっても、どの領域においていかなる活動をすれば改善に向かうかは特定化できることによります。

　たとえば、結婚した夫婦に出産に際して心配だった項目を尋ねたところ、子どもを預けるところがない、近所に保育所が少ない、保育所の負担が大変などが多かったとすると、保育所の整備や保育費用の無償化は出産増に作用すると期待できます。もちろん、どれだけ出産に結び付くかの合理的な推計はこれだけでは困難ですが、政策立案はできます。まさにインプット志向とは保育所整備を何か所・定員増を何人するという尺度ですので、必要な資

金や施設、人員を確実に見積ることが可能で予算化できます。

　この場合には保育政策と保育所の運営・経営の関係は、政策である保育所の数や収容定員が決まって、経営をどうするかになります。必要な保育士の採用や施設整備あるいは募集が保育担当の仕事になり、予算確保は財政担当の仕事です。政策がインプットで定義されますので、その実行方策の経営もインプットを達成することに重点がおかれます。計画時点までの保育所施設の完成や開園までの保育士の確保と募集の遂行が経営上の目標になります。

　ＯＰＡにおける市民の位置づけは、行政組織に対しては行政サービスの受益者の側面と公権力の行使客体としての側面があります。保育所に通う児童やその保護者は保育サービスの受益者ですが、同時に保育料を支払う義務を負っていて未払いの場合には保育担当から支払い請求がなされます。

　選挙により自らの代表者である政治家を選出するという意味では主権者であり、行政は市民が選んだ議員や首長の指揮統制を受ける存在です。しかし、市民は行政から公権力の行使を受け、給付資格の認定とか税金の賦課徴収などに従うことになります。本来は主人である市民が代理人の行政に従属するため、行政を「お上」とみなし、緊張的な関係になることもあります。逆に過度に自らの主権者の地位を強調し、公権力行使の側面を否定したり反発し、それが生活保護などのケースワーカーとの関係に反映されることもあります。また、政治家と官僚の関係は、民主制下では政策決定は政治家が担うのが正当であり、官僚は政治家の決定や判断に際し専門的な見地から政策助言をすることになります。

　政策用具をＯＰＡが利用する場合に関しては、まず情報（Ｎ）については階層構造における指揮命令とそれを受けた報告が基本になります。保育に関する法令や通達にそれに従った報告が適切に実施されているかについても、インプットと準拠性が基本になります。保育所の設備及び運営に関する基準には必要な設備、面積、職員配置、設置者の要件が決まっており、事業計画書や報告書はそれに従った記述になっています。

　公権力にかかるＡに関しては国や自治体の法令や通知あるいは補助金・

委託金の交付要綱等が該当します。保育所では現状では法令は最低要件として前述の施設・設備の容量や人員などについて規定していますが、成果に関する規制はありません。

お金に関するＴについては、インプット統制の観点から費目管理がされることになります。統制管理ですので成果に応じた配分とか予算の決定という要素はありません。投入に要する費目と金額で管理する方式なので、資源の種類や内容に対応した方式になり経営側の裁量は制限されます。保育所の運営でも私立保育所への財政支援である委託費（国が定めた保育児童当たりで計算される公定価格から保育料を控除した額）は費目別に積算され、弾力運用は一部になっています。

一方、組織・人員（Ｏ）について、官僚制の見地からは職員が直営で政策を執行することがOPAの原理に最も適合します。保育所の例で示せば公立保育所で運営し、保育の担当部門で指導監督する形式です。公立の学校と教育委員会との関係に似た構造になります。しかし、定員管理や保育需要への対応から民間保育の増設や委託化を進める政策が打ち出される場合もあります。

②新公共管理論（NPM）

これは1980年代から英国やニュージーランドで次第に形成された考え方です。フッド（Hood,1991）によって市場原理と経営原理の合体したものという体系化されたとされますが、実態は国やサービスに応じて２つの原理の重みづけは異なります。理論的に言えばボストンら（Boston et al., 1996）がニュージーランドモデルとして要約しているように、経済学の代理人（エージェンシー）理論[49]、取引費用理論[50]、公共選択論[51]に代表される新制度派

49　代理人理論はPA理論と同じであり、本人が代理人の行動を監視できないことを前提にいかなる報奨体系で契約すれば本人にとって最適になるかを設計する。
50　取引費用理論とは契約を含めて外部者と取引すると内部取引に比して費用が発生することに考慮して、外部取引をするか内部取引とするかが決定されると考える。
51　公共選択論とは政治学の領域においてもアクターが自己の効用を極大化するとみなして制度分析する。

経済学の色彩が強く、それを実行する経営装置として民間経営の戦略経営、目標管理や企業会計の手法を適用したといえます。

　NPM は成果志向、顧客志向、市場原理及び分権化が主な特徴です。統治機構としては市場が問題解決を担います。もちろん、政府の行政サービスの多くは市場を通じて供給されない国防やインフラあるいは治安といった公共財です。したがって、行政サービスに関する疑似市場を形成し、供給者を政府部門と民間部門などの複数主体から構成されるようにして、市民を消費者＝顧客、政府を購入者とみなし、その顧客の満足度を高めることを成果と考えます。この際、購入の決定は質が高く、かつ、コストが安い供給者が選定されるように、サービスの質とコストを指標に競争し、その具体的な実施（人員や資材の調達など）は選定された供給者の裁量に委ねる（分権化）こととされます。

　経営モデルの焦点はサービスのアウトプットと効率性になり、重視されるのは業績です。政治家の役割は戦略の策定や方向性であり、官僚や行政職員の役割は戦略の下での経営となります。まさに代理人理論の政治家＝本人と官僚・職員＝代理人です。

　一見すると我が国の保育サービスは公立と民間の保育所が存在し、NPMの典型の印象を与えます。しかし、顧客である児童や保護者は自由に保育所を選択することはできませんし、保育所の利用料は公定価格ですから公立・民間とも同じです。サービスの質のモニタリングはありますが、需要が供給を上回る限り質とコストの競争は働かず、保育所の基準にしたがった運営をすることが要請される構造です。

　NPM では政策が顧客満足度の向上を目的に立案されるため、経営的な要素、つまり誰に対する政策かという点から顧客を特定化します。経営が政策を規定するともいえます。サービスに対する満足度を高めることは客観的なアウトカムを高める保証はない可能性[52]があるものの、何をするかの活動

52　満足度調査と客観的指標は必ずしも関係が高いとはいえない。山本（1994）参照。

及びどの資源を使用するかを決められやすい利点があるからです。自治体の少子化対策はその例です。若い世代（これから出産する予定の結婚予定や既婚者家族など）を対象に満足度を高める施策をすれば転入による人口増や出生数の増加になると期待します。少子化や出産の決定の要因は複雑で、子育て環境の整備をすることでどの程度出生率が上昇するか、また、それが継続するかは不透明です。しかし、若い世代へのマーケティング戦略とみれば、民間経営の手法が適用でき、その方策を政策として打ち出すことができます。

　NPMにおける政策用具との関係は、情報（N）に関しては、顧客志向から顧客がどういう層で、何を望んでいるか（何に不満か）などの属性と意向が基本になります。市民全体に対する意識調査は行政サービスが全市民に対するものであれば有用ですが、こうした純粋な公共財は限定されます（特に自治体では）。年齢や職業あるいは地域で住民のニーズは異なりますので、満足度を高める方策も同じにはなりません。もっとも、顧客対象を明確にするということはそれ以外の層は対象でないことになり、行政ニーズとして適切か、受益と負担（将来を含めた）の関係はどうかなどの資源制約と優先度の整理を必要とします。

　次の公権力の行使（A）としてNPMではサービス利用の課金をしたり、バウチャーの発行をするのが代表的です。NPMの民間経営利用といっても政府の権限や法律は民間企業にない強制力を持っています。そのため、一定以下の所得階層あるいは扶養家族数が多いなどの条件に適合する「顧客」＝市民について、他の「顧客」とは異なる料金設定（減額や無料措置）を条例や要綱などで講じることが可能です。

　お金（T）の面では、NPMはアウトプット管理が原則ですから、何に充当するか、どのような資源からアウトプットを産み出すかの裁量は供給者＝経営に与えます。したがって、費目の積算で額が決定される補助金でなく使途制限のない交付金が供給者に付与されます。OPAや直営で実施する場合には、予算で人件費や物品費等が費目の上限として規定されます。NPMでは資源の投入や組み合わせに裁量があり、ヒトの雇用や材料の調達などは任

されアウトプットの質と量に連動した財源措置とアウトプットに対するアカ
ウンタビリティとなります。

　組織・人員（O）について NPM は基本的に経営側の裁量としますが、政
策当局としての統制は組織業績と財務業績の達成管理になります。エージェ
ンシ―や独立行政法人という組織形態と管理は、NPM の原理のうち成果志
向と分権化に焦点を当てたものです。省庁あるいは首長部局から法的あるい
は制度的に独立した存在として、戦略計画を策定し業績報告書や決算書類も
作成します。当該組織は法人の長や最高経営管理者（CEO）により運営され、
成果管理につき政治的な関与を受けないようになっています。

③ポスト NPM

　NPM は効率化と質の向上をめざしアウトプットに焦点をおいたため、定
められたアウトプットの業績改善には適合した経営モデルです。そのため、
ダンレビら（Dunleavy et al.,2006）により「NPM は死んだ」と指摘されても
存続し継続しています。実際、ポスト NPM は、NPM を全面的に否定する
ものでなく、限界や欠点を克服しようとするものといえます。

　ポスト NPM には、統治としてネットワークを強調するオズボー
ン（Osborne,1996）らの「新しいパブリック・ガバナンス」（New Public
Governance; NPG）、官僚制の現代化をめざすポリットとブカート（Pollitt and
Bouckaert, 2017）の「新しいウェーバー主義」（Neo-Weberian State; NWS）及
び公共価値を実現し動機づけられる職員の重要性を説くムーア（Moore,
2013）による「公共価値経営」（Public Value Management; PVM）が含まれる
とされます。これらは、NPM が限定された範囲での成果とアカウンタビリ
ティに焦点をあて、行政への信頼性や長期的な価値への関心が不足していた
反省に立っています。

　NPM の原理型といえるニュージーランドにおいて測定可能でアカウンタ
ブルなアウトプット管理の結果、行政機関や独立した執行組織（クラウン・
エンテイテイ）が個別の業績向上にのみ努力し、政府全体の成果管理（アウ

トカム改善）に欠ける事態（サイロ化）が生じました。そのためニュージーランドでは個々の執行機関や政策が政府全体の目的にどのように関係し成果に貢献するかを明らかにすることにしました[53]。また、市民参加による手続きによる民主的過程の価値がプロセスや手続きでなく成果志向のNPMでは軽視されることになります。このためポストNPMでは、経営の関心はアウトカムに置かれ、市民は主体的な参加者とみなされ能動的な役割を果たすことになります。政治家は政府全体の目標や方向性への議論と合意形成に力を注ぎ、行政はアウトカム実現のため行政以外の市民や企業等のアクター間の調整をする仲介者としての機能も果たさねばなりません。その典型は温室効果ガス削減でしょう。各国が目指す2050年までの温室効果ガス排出実質ゼロには、家庭や企業での排出抑制活動が不可欠です。

　具体的にポストNPMと政策用具の関係を整理しますと、情報（N）においては教育による政策情報共有や理解の促進があげられます。継続的かつ大きな行動変容を伴うには行動経済学で説く誘因によるナッジでは不十分であり、変革の必要性を理解し自ら能動的に行動変化するブースト[54]が必要です。

　公権力の行使(A)については、ポストNPMでは行政と関係者（利害関係者）との協定や家庭・企業での自主的取組への奨励・認証があります。新型コロナ感染流行期に感染対策をした店の都道府県知事による認証制度は、営業時間制限緩和の誘因制度と組み合わせたものです。

　ポストNPMでのお金（T）は、政府による財政資金以外に民間資金等を調達して共同事業を実施するものです。政府事業の民営化や民間委託はNPMの例ですが、公益事業への寄附税制（寄付金の損金算入）を利用した制度の創設は民間資金の政府事業化です。近年の例としては文部科学省による民間・企業寄附金による海外留学制度「トビタテ！留学JAPAN」があり

53　Review of the Centre（2001）はpublic management systemの外部検証の報告書である。経緯などについては和田（2007）参照。
54　ブースト（boost）とは個人の技能と知識を向上させ人々が自分自身で主体的に選択するようにするアプローチである。ナッジは誘導・支援されるものでありアプローチに違いがある。

ます。組織・人事（O）におけるポスト NPM には組織間連携や行政による
プラットフォーム構築があります。地方創生での産官学の協議会は地域戦
略やマーケティングを行うものですし、都道府県と大学との就職支援協定も
OPA の指揮監督的や NPM の契約的なものではありません。

4．日本とニュージーランドの比較

　公共政策の目的を実現する資源管理である経営モデルとして 3 つの代表的
なモデルを示しました。しかしながら、行政において実際はどのような原理
が使用されているのでしょうか。伝統的なインプット管理の OPA からアウ
トプット管理の NPM への移行はなされたのか、また、全体のアウトカム志
向へのポスト NPM の動きは定着しているかは関心があるところです。
　特に各モデルは経営の焦点や市民の位置づけが異なりますから、果たして
3 つのモデルは併存しうるのか？　アウトプット管理になじまない領域はど
うするのかなどの課題があります。特に NPM 先進国であったニュージーラ
ンドがアウトカムを勘案したアウトプット管理を目指すようになり、本当に
ポスト NPM への歩みを進めているのか、我が国は NPM 後発国といわれる
が本当はどうなるかを検証する意義は大きいと判断しました。
　そこで、日本とニュージーランドの市民に対して身近な自治体の運営実態
につきインタネットを利用したオンライン調査を 2015 年に実施しました。
表 6-3 は運営実態に関する質問項目です。
　検証したいことは、経営モデルの転換が本当にあったのか、もしなかった
とするとそれは既往モデルに付加した層別化なのか、それとも混在したハイ
ブリッド（複合）化なのかです。また、日本とニュージーランドとの経営モ
デルの差は何か、日本はより伝統的な行政管理色が強いのか否かです。
　日本及びニュージーランドの市民に年齢、性別、居住地を統制して、それ

表 6-3　自治体運営への認識 (市民へのオンライン調査)

項目	日本	NZ
1. 行政の目標と成果を住民に知らせている *	2.983(0.861)	2.774(0.937)
2. 手続きと住民の権利を重視している	3.062(0.758)	3.069(0.848)
3. 成果というより、どの事業にいくらの予算をつけるかを中心に運営されている *	2.946(0.742)	2.604(0.829)
4. トップ（市町村長）は現場を信頼し任せている *	3.085(0.717)	2.857(0.685)
5. トップのリーダーシップが発揮されている	3.171(0.821)	3.051(1.019)
6. 行政執行に際し法令遵守に力をいれている *	3.036(0.717)	2.684(0.815)
7. 自治体の関係部局、市民及び民間部門と連携・協力して行政執行をしている *	3.072(0.715)	2.861(0.769)
8. 行政サービスの民営化や民間委託を積極的に行っている *	3.114(0.750)	2.865(0.721)
9. 行政は住民を顧客とみなすサービス業として運営されている *	3.195(0.760)	2.777(0.899)
10. 行政の透明性と民主的手続き・討議を重視している	3.164(0.732)	3.148(0.916)
11. 行政は無駄を省き、歳入確保に力を入れている	3.286(0.792)	3.394(1.039)
12. 行政サービスの改善・向上に力を入れている	3.115(0.804)	2.957(0.958)

注：大いにそう思う＝ 1 、まったくそう思わない＝ 5 のリッカート尺度。括弧内は標準偏差。
*p<0.05 で日本とニュージーランドの間に有意な差がある項目を示す。

ぞれ 3100 人及び 1140 人に調査をした結果について主成分分析をしました[55]。これは調査結果の変動をいくつかの要素（主成分）で効率的に説明できるかを明らかにするものです。もし、ポスト NPM に完全移行していれば主成分はポスト NPM の項目のみからなる一つのはずです。NPM に移行した段階ならば、やはり主成分は 1 つですが NPM 関係の項目から構成されることになります。また、層化により OPA に NPM、さらにポスト NPM が付加されていれば 3 つの成分が特定化されるはずです。

　分析結果から、日本は 1 成分のみが特定化されましたが、OPA, NPM 及びポスト NPM の全ての項目から主成分が構成されています。したがって、NPM やポスト NPM への移行でも層化でなくハイブリッド化を示しています。12 項目のうち 10 項目から第一主成分は構成されています。他方、ニュージーランドは 2 つの主成分が特定化され、第一の主成分は OPA,NPM 及びポスト NPM のハイブリッド（12 項目のうち 10 項目）、第二の主成分は OPA

<hr />

55　詳細は Goldfinch and Yamamoto（2019）を参照されたい。

と NPM のハイブリッドであることがわかりました。また、市民と行政の関係を尋ねたところ、OPA（住民は受給者・負担者），NPM（住民は顧客）及びポスト NPM（住民はパートナー）の全項目で日本よりニュージーランドの方が傾向値（「大いにそう思う」と「そう思う」の合計割合）が多い結果となりました（表 6-4 参照）。もちろん、用語の認識は国民性や言語により影響を受けますから国別の比較は慎重にすべきです。そこで、国の内部で受給者、負担者、顧客及びパートナーの認識順に並べ替えると、日本では負担者・受益者・顧客・パートナー、ニュージーランドでは負担者・顧客・受給者・パートナーとなります。両国ともパートナー（協働者）認識は低いのですが、ニュージーランドでは顧客の認識が負担者と同程度であることが特色といえます。

表 6-4　住民の位置づけ

	日本	NZ
1．行政サービスの受給者	33.4	56.4
2．行政サービスの財源の負担者	41.9	67.6
3．行政サービスの顧客	25.0	66.7
4．行政サービスのパートナー	15.4	26.3

注：「大いにそう思う」及び「そう思う」と回答した者の合計（％）。

　この結果はしばしば語られる OPA から NPM、そして NPM からポスト NPM に経営モデルが転換しているわけでなく、より複合化された経営になっていることを示しています。インプットからアウトプットといっても、政府として何をしてよいか問題の構造化がされていなければ、インプットに係る予算や人員の増強を図ることが当面の対策になります。民間委託（NPM）や官民連携（ポスト NPM）の行政サービス供給では、契約あるいは協定の当事者間の信頼や法令遵守や公正性のような原則は直営時（OPA）と変わるものでありません。その意味からすれば NPM やポスト NPM になっても OPA の原理の一部は承継されるわけで、ハイブリッドであることはむしろ当然ともいえます。NPM に関してポリット（Pollitt,2013）は文脈に応じて有効性が違うとしたことも、サービス内容に応じて適合する経営モデルが使用されるという視点から理解できます。

5．経営モデルと政策の対応関係

　政策と経営の関係は経営モデルに応じて違ってきます。OPA では資源の投入に焦点を置き、集権的統制として決定され、経営は定まった資源を計画通りに使用することになります。したがって、資源の組み合わせなどに裁量はなく管理になります。逆にいえば、政策の成果とか活動が抽象的で資源と活動の関係もあいまいな場合が OPA にはあり得ます。

　一方、NPM では成果のためどのような活動（アウトプット）をするかが決定され、その活動を実現するための資源管理が経営の役割になります。活動を効率的に実施するヒト、カネ、モノなどの投入・配置をどうするかの裁量が経営に与えられます。

　そして、ポスト NPM では成果であるアウトカムが定義され決定されます。経営はこのアウトカムを実現するアウトプット（活動）を特定化し、それを効率的に実施する資源の投入・組み合わせを決定します。

第 7 章　人事・組織の経営

　人事・組織の経営は NATO モデルでは O にかかる政策用具の使用です。組織はヒトから構成されていますから、ヒトにかかる人事管理と組織形態をどうするか、どう運用するかの組織管理の両面があります。しかしながら、組織レベルでも職員レベルでも政策過程において要求される能力に違いがあります。このため、特定の過程に専念する組織形態が組織内部や外部に出てきます。

　組織内部の例では調査・広報部局、企画・政策部局、財政部局、実施部局、評価部局などが対応します。組織として分離することもあり、昔の経済企画庁、総理府、国土庁などは政策形成までの段階を主な業務としていましたし、財務省主計局は予算案の作成を中心としています。国立印刷局や日本学生支援機構などの独立行政法人は原則として実施部門に特化した組織です。そこで、まず、政策過程モデルにそってどのような能力が要求されるかを明らかにします。組織の成員が満たすべき能力や研修の在り方を規定するからです。

1.　政策過程との関係

　最初のアジェンダ設定段階では何が社会で問題になっているかを同定化するわけですので、公共的な好奇心と幅広い調査能力が必要です。人口動態や社会意識を統計調査として行うことは昔から実施されていますが、現代では

SNSなどのビッグデータの収集も潜在的な行政ニーズを把握するには有用な手法です。したがって、統計の知識以外にマーケテイングや市場調査あるいはフォーカス・グループなどの集団インタビューについても必要とされます。

　2番目の問題の構造化では、問題の構造や原因を明らかにすることが基本になります。統計的因果推論などの統計分析も有用ですが、より本質的には問題を把握する枠組み（フレーム）をどうするかが重要です。少子化を経済学的に構造化するか、社会学の枠組みを使用するか、それとも文化人類学的に結婚や出産を考察するかによって、問題の構造や原因が異なって定義されます。

　3番目の政策形成では問題の構造化にもとづき解決策となる政策案を作成します。複数の政策案は費用便益分析などの費用対効果の基準のみで評価できるものでないため、評価基準の明示化と合意が必要になります。

　4番目の政策決定では、代替案のなかから選定した政策が政治家や利害関係者との協議を経て公開されます。説明能力と調整力が重要な要素です。

　5番目の実施では実行、管理、協調、まさにマネジメント能力、リーダーシップ、修正能力、緊急時対応が要請されます。

　最後の6番目の評価では、客観的な分析・中立的な思考及び学習の視点が重要です。このように、各過程で要求される能力や質は大きく異なります、ただし、一人の人間なり組織がこのすべてを満たすのは容易でなく、少なくとも組織内の部局において専門の担当が必要なことがわかります。

2．人事管理

(1) 採用・転任

　近年我が国の公務員試験の受験者数が減少し、適正な人員の確保が困難に
なっているとされています。国家公務員では特に中央省庁での過労死を超え
る労働時間から霞が関のブラック化が進み、若手職員の離職が高まっていま
す[56]。地元での安定就職先として人気があった地方公務員や教員においても
同じ傾向となっています。

　この背景には、公務員数が人口比で諸外国よりも少ない上に定員削減がな
されていることから感染症や災害などの臨時的業務が追加されると業務量が
人員に比して過度に増える構造があります。また、政治家と官僚・職員の関
係で政治優位が確立し、公務員の政策形成への関与や裁量性が低下したこと
も影響しています。

　企業経営でも株主総会や取締役会による経営監督・監視はありますが、我
が国では従業員から執行役員あるいは取締役へ就任するのが普通ですので、
従業員の活動や創意工夫への制約は公務員より小さくなっています。優秀な
学生が民間企業や外資系に行くというのは、やりがいと報酬が勝っているか
らだと思われます。

　公務員人事での最大の特色は、採用がメリット（成績）主義から試験また
は公募により行われることです。公務の中立性や公正性の観点から情実主義
を避けるためです。我が国のように学歴及び職種による採用試験を実施して
いる国（独仏など）がある一方で、ポストの公募による方式をとる国（米国

56　優秀な人材が就職せず、かつ、離職率が増えている。

など）もあります。また、一部の選抜試験を実施し幹部候補生を採用する国
（英国のファースト・ストリーム[57]）もあります。

　公務員に要請される能力や質が変化していますが、公共政策の国民生活へ
の影響の大きさを勘案すると、一定量の優秀な企画立案または政策実施を担
える人材を確保する必要があります。そのためには仕事や専門化の程度を明
確化したうえで、必要な人材の知識・能力は何かに基づいた試験を実施する
必要があると思います。法律や技術系の知識を採用時にどこまで必要とする
かも民間企業では学部や専門を問わずに採用選考をし問題はないようですか
ら、再検討の余地はありそうです。

　採用後のキャリアパスあるいは異動については、国及び地方とも事務系は
ジェネラリストとして多くの仕事を経験すること、技術系は特定部門での経
験を深めることを中心にした人事配置がなされています。技術革新や環境条
件の変化が激しい状況では、外部から人材を募集あるいは中途採用や任期付
きの採用をすることも必要です。この場合に気を付けるのは、採用時に最先
端の知識を有していても常にキャッチアップをしていないと数年後には陳腐
化する危険性があることです。

（2）給与・昇任

　我が国では国家公務員は人事院、地方公務員は人事委員会が民間給与実
態を調査し給与勧告を行います。基本的には勧告にしたがって給与改定が
内閣又は首長によりなされます。民間企業との給与比較はどこを対象にする
かで大きく異なりますが、いわゆる有力企業より給与は低く、超過勤務手当
も十分でない労働環境にあります。もともと、公務員志望の理由は給与にあ
るのでなく、「公共のために仕事ができる」、「仕事にやりがいがある」、「ス
ケールの大きい仕事ができる」といった社会的意義に求めています（人事

57　ファーストストリームは日本の総合職と比較されることが多いが、採用時のポストも課長補
　佐級であり、係員の日本とは異なる。

院 ,2021)。こうした当初の志望動機が超勤や深夜勤務の増加により必ずしも実現しづらくなり、経済的にも報われないということが若手の退職者増加を招いています。林（2021）の官民労働者の意識分析では、公務員（労働者）の民間労働者に対して意思決定の裁量性が小さいこと、処遇が年功序列であること、成果の数値化が困難なことを示しています。

　ただし、仕事に関する金銭的動機づけに官民の差はなく、公務員は向社会的動機づけが民間より強いことが特徴としています。金銭的動機づけに対する配慮がなく仕事の社会的意義だけに依存した職場では、過重労働に心身が耐えられなくなっているのかもしれません。

　現在の給与体系は国家公務員の一般職については俸給と諸手当から構成されています。俸給は級別俸給表（表 7-2）にしたがい支給され民間の基本給にあたる俸給と調整額からなります。諸手当には賞与が含まれ、賞与は期末手当と勤勉手当からなり、勤勉手当が人事評価の結果に基づき支給されます。昇給とは俸給表の上位（3 級から 4 級など）、昇任は上位の職務（課長補佐から課長など）への異動です。

表 7-1　国家公務員一般職の平均給与（43 歳）（2021 年 4 月 1 日）

俸給	325,827 円
地域手当・広域異動手当	43,601
管理職手当	12,681
扶養手当	9,273
住居手当	6,647
単身赴任手当等	9,124
合計	407,153

　毎月支給される給与の平均は 43 歳の一般職の平均では表 7-1 のように約 40 万円であり、職務によるモデル給与は表 7-3 に示されています。これから理解できるのは、国家公務員の給与も昇任することで大きく差が生じることです。総合職試験採用者でも管理職への昇任は最終ポストの事務次官就任時の年齢が高くなる（現在では 60 歳前後）に伴い遅くなっていて、それま

表 7-2　国家公務員一般職俸給表

職務の級	1	2	3	4	5	6	7	8	9	10
本府省	係員	主任	係長	係長	課長補佐	課長補佐	室長	室長	課長	課長
県単位組織	係員	主任	係長	係長	課長	課長	機関の長	機関の長		

表 7-3　国家公務員モデル給与（令和 3 年度）

モデル	年齢	月額	年間給与
係員	25 歳	193.900 円	3,149,000 円
係長	35	273,600	4,501,000
地方機関課長	50	413,200	6,670.000
本府省課長補佐	35	435,320	7.155,000
本府省課長	50	749,400	12,534,000
本府省局長	-	1,074,000	17,653,000
事務次官	-	1,410,000	23,175,000

での長時間労働と高くない給与という労働環境と経済条件の下で働くことになります。地方公務員の場合も似た状況で、係長ポストへの昇任時期が国家公務員より遅いことが特徴とされます。

　他の先進国でも公務員給与は民間企業の給与より相対的に低く、やはり、社会的な仕事の意義に価値を見出して公務員をしている層が多いとされています（嶋田,2020）。もっとも英米のような専門職の労働市場が発達して官民の職場移動が活発なところでは、職務経験を積むため公務につき、その経験を民間で活かすため転職（退職）することができ、公務員の給与が低いことがモチベーションの低下に結びつかないことになります。また、独仏では給与は低いものの退職年金については民間企業よりも優遇されていることで現役時のモチベーション維持に役立っているとの解釈もあります。

　日本では基本的に公務内で閉じられた労働市場であり、年金も民間企業の社会保険に一元化されたため、優遇措置も廃止されています。退職管理は公務の中立性や公平性を確保するため必要なことであり、定年延長措置と再就

職規制や情報開示は合理的なものでしょう。課題は、優秀な人物の採用と高いモチベーションの維持を可能にする装置が「天下り」規制や年金減額でなくなってしまい、代わりの方策が構築されていないことです。

（3）人事考課 / 研修 / 能力開発

　人事考課あるいは人事評価は、1）職員の能力や実績等を的確に把握することで、適材適所の人材配置やメリハリのある給与処遇の実現につなげること、2）人材育成や組織パフォーマンスの向上を図ること、の2つの目的を有します。最初は人事管理目的であり、第二は能力開発と組織管理の視点です。給与や処遇の決定が恣意的になされれば職員、公務員のモチベーションは低下しますから、適正な人事評価を実施しなければなりません。また、個々人の能力開発はもちろんのこと、組織の業績を向上させるため、意識の共有化や組織目標と個々人の業務目標を関連づけることが必要です。

　このため、国家公務員については国家公務員制度改革基本法や国家公務員法等の一部を改正する法律、地方公務員については地方公務員法等の一部を改正する法律により、それぞれ 2009 年及び 2014 年度から人事評価として能力評価と業績評価が実施されるようになりました。ここで、内閣人事局・人事院の資料によれば、能力評価とは「職務上とられた行動（能力が現れたもの）を基に評価します。潜在的能力や業務に関係のない能力、人格等を評価するものではありません」としています。また、業績評価は「職務遂行に当たり実際に挙げた業績を評価します」とします。行動と結果という区分ですが、賞与の勤勉手当は前述したように業績評価が反映されます。

　そして、昇任には能力評価と業績評価の両方が使用され、本省課長級への昇任には過去 2 年間の能力評価 2 回（年 1 回実施）のうち 1 回の「非常に優秀」以上の評定、業績評価 4 回（半年ごとに実施）のうち 1 回の「優良」以上の評定が必要とされています。この評定は、「卓越して優秀」、「非常に優秀」、「優良」、「良好」、「やや不十分」、「不十分」の 6 段階になっています。

いずれも上司との面談を経て目標が設定され実績が評価され、評価結果に対する苦情処理対応の仕組みも設けられます。

　制度としては処遇などに反映されることになっており、政策評価の結果の反映よりも制度化が進んだものといえます。業績評価が2回の賞与に反映することは、半年の実績を給与に連動させるもので業績給に相当する考え方で合理的なものです。基本給的な俸給に反映されないため後年度に業績の如何にかかわらず給与が増加する負担の問題も生じません。

　しかしながら、昇任・昇給を能力評価と業績評価の結果に基づきするのが適切かは意見が分かれるところです。それは、能力評価が能力の伸長を中期的にみるものとはいえ、上位の職務・職階の仕事の能力があるかを現在の職務の能力からどの程度信頼性をもって推定できるかという問題です。これまでの能力の伸びに見合った成長が上位のポストでなされるかは伸びのカーブ如何で変わりますし（図7-1）、達成してきた結果の業績評価とその後の能力は関係があるかも議論があるところです。

　昇進の決定は候補者が新しい上位の職位での適格性にどの程度適合しているかで判断されますが、現時点でなく将来の能力である点だけに実績とのバランスをどうとるかに悩むところです。組織構成員の納得を得ることも重要な要素で、実績は誰もが認識できる項目であるのに対し将来能力は期待値だからです。優秀な選手が優秀な監督になるか、ジュニアで活躍してきた選手がシニアで成功するか否かです。能力と業績の双方を勘案する方式は周囲を説得

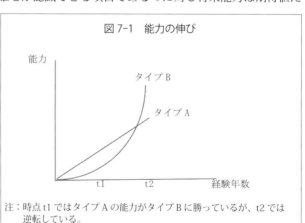

図 7-1　能力の伸び

能力

タイプ B

タイプ A

t1　　　t2　　　　経験年数

注：時点 t1 ではタイプ A の能力がタイプ B に勝っているが、t2 では
　　逆転している。

し、関係者を納得させるには無難ですが、追跡してこの方式が良いかの検証が必要です。

　さらに人事評価を給与・賞与に反映させることは動機づけにも役立ち、組織の目標と個人の目標ベクトルを整合的にするとされていることにも公務の特性から理論・実証両面から疑問が呈されています。確かに実績を上げたり能力向上がみられる者の処遇を改善することは、本人の動機づけになり、周囲に「業績を挙げた者が報いられる」ことを知らせる効果があります。また、人事評価は国民に対し職務をどの程度適正に執行しているかを示す証拠を提示できます。

　ただし、金銭的動機づけが大きくない公務の世界で給与差を設けることは職員間の協調性を阻害する可能性があります。また、勤勉手当の財源が事前に留保された額となるため組織の全員が目標以上の業績を示したときには、相対評価を行い半分以上の者を賞与額の減額としないと、より高い業績を挙げた者に勤勉手当の増額を支給することはできなくなります。皆が努力して組織の業績（利益）が高まれば、全員に賞与などで報いることができ、そのことが従業員のモチベーションを促して組織業績を一層高めるという企業の拡大再生産の原理が公的部門では成立しないからです（山本,1997）。公的組織では消費経済性の特性から業績が上がっても財源が増えるわけではなく、給与は割り当てられた財源（人件費）からの配分になります。

　公務員に対する研修制度は充実しているといえますが、能力開発がデジタル化や社会環境の変化に追いついているかは民間企業を含め我が国の課題です。

3．組織管理

　政策目的の実現のため組織管理をどうするかに関しては、次節での経営モデルと密接な関係があります。このため、ここでは組織形態に注目し伝統的

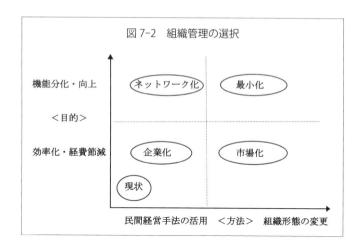

図 7-2　組織管理の選択

な官僚組織以外にどのような選択肢があるか、それぞれのメリットとデメリットは何かを整理しておきます。図 7-2 は目的と手法の観点から組織管理を区分したものです（山本 ,2021）。

　まず、「企業化」（Corporatize）は組織形態自体は変更せずに民間経営手法を含む新しい手法を適用します。PDCA の適用や指定管理者制度などが例になります。指定管理者制度は施設管理などの業務を数年間特定の民間事業者等に包括委託するもので、公務員では勤務時間の制約から困難な利用時間等の弾力的な施設運用を可能にし、効率化も期待されます。

　次の「市場化」（Marketize）は組織形態を変更することで業務の効率化を目指すものです。独立行政法人化や民営化が代表的な手法です。どちらも職員は非公務員化（独法は公務員の身分継続も可）となりますから、定員管理から脱却できます。しかし、採算性が重視されますので非採算部門や地域でのサービスの継続性をどうするかの課題があります。

　三番目の「ネットワーク化」（Networking）は、効率化の目的よりも機能向上や機能分化を図るものです。たとえば、市役所に出向かなくても支所や出張所あるいは自宅から手続きができるようにするとか、複数の自治体でまとめて業務を行うことで他の業務の充実を図ることがあげられます。後者は一

部事務組合として消防や水道などの事業で実施されています。

　最後の「最小化」（Minimize）は、事業を他の主体に移管・譲渡あるいは廃止するものです。単なる民営化でなく、民間事業者や地域団体に市町村事業を譲渡・移管します。公営宿舎をホテル事業者に、公立病院を医療法人に譲渡するなどの例があります。これらの機能は維持しつつ供給主体を変更するものですが、供給自体を取りやめるのが廃止です。

4．経営モデルとの関係

3つの経営モデルと人事・組織

　経営モデルとの関係は、問題解決に際して組織がどのような意思決定と行動をとるかによって規定されます。

　まず、伝統的な行政管理であるOPAでは、行政組織は官僚制で運営されます。したがって、アジェンダ設定から評価まですべて直営の職員により官僚制にしたがって行われることになります。ウェーバーの官僚制（1987）はもともと高度な専門性を有する職員により合理的な決定と執行がなされると考えます。社会的問題や住民ニーズの把握や問題の構造化及び政策形成について専門家の官僚が適切に判断し処理すると想定します。政治家の判断を要する政策決定でも技術的かつ合理的に決定できる方法を選好して、政策執行をしようとします。評価についても内部の専門家による判断を優先する閉鎖的な経営システムといえます。官僚制が自己利益を超越し社会全体の利益の観点から意思決定を行うならば、民主性や参加性の面で劣っても良い成果を出せる可能性があります。

　欧州大陸の官僚制は法律志向が強く、テクノクラートによる合理主義に基づく経営とは違いがあります。法律官僚制は行動を規制し、資源では投入に焦点をおきます。他方、技術官僚制は一見すると成果志向による統制システ

ムのようにみえますが、PPBS は行政府内部の改革であり議会による予算統制は変更がありません。いずれも資源投入による統制という観点から OPA は他の経営モデルから区分されます。最小化（Minimize）は官僚制の枠組みの中でも採用されてきた戦略です。

　次に NPM では、成果志向による経営モデルが政策過程に導入されることになります。確かに NPM では企業経営と市場原理が用いられますから、先の企業化と市場化の組織形態が採用されます。しかしながら、民主制の政治システムは維持されますから、どのように政治と行政、つまり政治家と官僚の関係を再構築するかがポイントなります。PPBS の失敗の原因の一つになった立法府の予算統制と行政府の予算編成・管理の違いは、議会統制が科目主義のまま行政管理を費用対効果の基準に変えようとしたことでした。

　NPM では、アジェンダ設定や問題の構造化及び政策形成につき満足度調査等の企業経営的手法を活用して行います。行政内部で技術的知識などを欠く場合には外部の専門家への委託を行い、政策の実施に際しても政策決定で定めた目標を効率的に実施することを優先するため供給者を官民競争（内部市場）で決定します。成果志向を政策決定において徹底するため計画や予算において成果を定め、議会統制と行政管理を整合的にします。成果に関するアカウンタビリティを負う（making managers manage）かわりに経営の裁量性を与える（letting managers manage）方式です（Schick, 1996）。

　また、政治家は最終成果（アウトカム）にアカウンタビリティを、行政は成果（アウトプット）にアカウンタビリティを負うように整理しています。政策案の策定においては官僚機構が独占的に行うのでなく政策助言を外部の民間に求めることもなされます。このため評価を含めた政策過程においてコンサルタント、シンクタンク、監査法人等の影響が強くなったとされます。もちろん、させる（making）と任せる（letting）には緊張関係があり、NPM に内在する原理だともいわれます（山本,2001）。

　最後のポスト NPM では、問題解決に統合化と柔軟性が重要な特性として認識され、組織形態としてネットワークガバナンスの概念が使用されます。

政策過程の各段階において立法・政治家や行政・官僚が関与しますが、市民も政策形成や政策決定及び実施・評価に参加します。指揮命令の集権的な意思決定構造では厄介な問題や複雑な問題に対処することが困難なことが認識され、地球環境の温室効果ガス対策は世界各国のあらゆるセクターが協働して取り組まないと排出ガスの2050年までの実質ゼロは実現しません。また、市民参加は少子化や温暖化問題の構造化から政策形成に関して問題の的確な理解とヒトの行動の影響について学ぶ機会を提供し、実施段階の効果を高めることも期待されます。原子力発電所や核廃棄物処分場の立地に関する決定に際し、市民参加を得ることは専門家や政治家による決定過程を透明化する効果もあります。しかし、ネットワーク（Networking）は元来緩やかな、かつ、固定化されない関係性であるため、ネットワークの構成者にどのように責任をもって全体の利益なり目的達成に向けた行動をとってもらえるかの課題を持っています。行動の柔軟性と結果へのコミットメント・責任をどう両立するかです。

どのモデルがよいか？

　こうした経営モデルに対応した組織管理や人事管理が想定できますが、どのような経営モデルに合致したものが業績向上に資するかは実証研究によることになります。これまでの研究蓄積は少なく確定的な証拠を示すことは困難です。その中で最近出てきた英国のエージェンシーの長官を対象にした人事システムと組織業績の関係を分析した小田（2016）の成果を紹介します。

　エージェンシーは我が国の独立行政法人に似た組織ですが、独立した法人格を有するものでなく省庁内の半自律的組織です。長官の人事を政府内組織の経験を重視するウェーバー型、民間組織での経験を重視するNPM型及び政府外組織（NPOなど）の経験を重視するネットワーク型に区分して、エージェンシーの組織業績との関係を分析しています。その結果は、ウェーバー型とNPM型の人事システム運用の双方が限定的に組織の業績に正の影響を与えている一方で、ネットワーク型では政策形成の職位では有意な影響を与

えず、政策実施の職位では業績に正の影響を与えていることを明らかにしました。

　つまり、いずれか特定の経営モデルに依拠した人事システムが他のモデルに比して優れているとは言えないということです。その意味で、前章で得られたNPM「先進国」のニュージーランドや「後発国」の日本における実務はOPA（ウェーバー型）, NPM及びポストNPM（ネットワーク型）のハイブリッドであったことが英国の人事管理でも確認されたにすぎないのかもしれません。

　ただし、この結果は英国のエージェンシーという特定の公的組織を対象にしたものですし、組織の長の人事システムと組織業績の関係を扱ったものです。したがって、他国でも適用できるかは不明ですし、一般の職員についても成立する保証はありません。

5．PDCA は機能するか？

　PDCA論はマネジメントコントロールの理論の一つですが、政策デザインにおける社会工学的アプローチ及び政策決定の増分主義アプローチとも共通する考えです。とりわけ、経営モデルのNPMとは親和性が強く、成果指標と目標を定めて、実績値を測定してその達成度（差）に基づいて修正するサイクルを繰り返して改善するものです。予算・決算と指標が結び付くと業績主義予算や評価と予算の連動という話になります。我が国においては官民ともこのPDCA論は人気があり、スパイラルで改善を進めていくなどと説明されます。

　ただし、実際の公共政策において有効かどうかの検証は少なく、必要なデータが得られた自治体で分析したことがあります（詳細は山本,2015参照）。

　表7-4はその結果です。行動科学の側面からPDCAを再定義して、抱負理論（aspiration model）に基づき、事務事業レベルの個別事業についてある

表 7-4　予算・計画への実績の反映

変数	モデル 1 （予算）	モデル 2 (計画:成果)	モデル 3 (計画:活動)
前年度予算額	-0.1646+		
前々年度決算額	-0.0329		
前々年度活動指標 (実績)	0.1962		0,1540
前々年度成果指標 (実績)	-0.1358	0.2503*	
前年度活動指標 （計画）			-0.1929*
前年度成果指標 （計画）		-0.4986*	
修正済み決定係数	0.047	0.0915	0.1268
N(標本数)	93	93	93

注：数字は回帰係数、*p<0.05, **p<0.01, +p<0.10
事業別にみても成果の計画目標に 2 年前の実績が有意に反映している以外は、実績が予算や計画に反映していない。つまり、PDCA は実態として機能していない。

年度の目標や予算が過去の目標・予算及び実績・決算によりどのように規定されるかを分析したものです。推計式は次のようになります[58]。なお、実績や決算データが 2 期（年度）遅れになっているのは、前述したように最も早く反映させても 2 年後の計画や予算になることによります。

At= α_0+ $\alpha_1 A_{t-1}$+ $\alpha_2 P_{t-2}$+ ε_1

ここで、At：t 時点における活動及び成果の目標

　　　　Pt：t 時点における活動及び成果の実績

　　　　ε_1：誤差項

　　　　α_i：係数（i=0,1,2)

Ct= β_0+ $\beta_1 C_{t-1}$+ $\beta_2 P_{t-2}$+ ε_2

ここで Ct：t 時点における予算

　　　　Pt：t 時点における決算、活動及び成果の実績

　　　　ε_2：誤差項

　　　　β_j：係数（j=0,1,2)

58　抱負理論では他組織との比較対照の項もあるが、事業区分が自治体間で異なり比較可能性がなく省略した。

　結果は、実績の業績指標や決算（最も早く実績が確定する 2 年度前）は計画目標や予算（本年度）に基本的には有意な影響を与えていないというものでした。これは、国及び地方とも評価結果の予算への反映や PDCA サイクルの徹底を謳っているものの現実は異なることを示しています。予算や計画が実績を踏まえたものでなく、抱負的な目標であることを象徴していると解することもできます。

　組織的にいえば、財政と人事及び企画部門が査定部局として事業担当の原局（要求部局）と調整を行うことになります。現状では財政部局の予算査定は事業費ベースで人件費は含まれず、人件費を含む定員管理は人事部局の管轄になっています。また、評価担当は財政とは別の組織で、企画あるいは行政改革担当が実施することが多い体制になっています。こうした組織体制は PDCA の意思決定を行う内容と部局が分離されることを意味しますので、事業単位で実績の評価を次の計画や予算に反映することを困難にさせていると考えられます。

第 8 章　財務の経営

1．政策過程との関係

　社会的な問題が政策課題になるアジェンダ設定、問題の構造化及び政策形成の段階から、財務（カネ）が関係します。若い世代の貧困や老いた親（80 代）が無職の子ども（50 代）の世話をする 8050 問題などは、安定的な生活を過ごす所得・収入の不足状態です。中期的には就業のための学習や職業訓練などの政策が想定されますが、短期的には生活保障の生活保護や手当・給付金の支給などの処置を講じることになります。また、政府が現金以外のサービス供給などを行う場合にはその実施財源が必要になり、どこから、どのような方式で財源を賄うかが課題になります。

　新型コロナウィルス感染症のような緊急事態や大災害時には、必要な活動をすべて実施することが優先され財源論が後回しにされることが多いのは事実です。しかし、財源は無尽蔵に調達できるものではないので、財源調達の可能範囲内で支出に優先度や額の上限を設定する必要が出てきます。つまり、個別政策の内容は財源制約から決まる側面があるということです。たとえば、一人 10 万円の特別定額給付金給付や飲食店の休業に伴う協力金は額に特段の根拠があるわけではありません。Go To トラベル事業などについても同様です。

　したがって、マクロの支出増額がいくら必要かを推計し、その財源をどのように調達するかを同時に決定することが必要になります。政府は民間企業

と異なり公権力（A）として課税権を行使できます。国の貸借対照表で負債が資産を上回る「債務超過」状態[59]になっても破産しないのは、この課税権を考慮すれば将来の増税の余地があるので債務は返済可能と判断されるからです。徴税権Aと徴税組織Oを通じて財源（カネ＝T）を調達し、それをヒト（O）、モノ（O）、カネ（T）、情報（NとA）の資源に配分して行政サービスを提供します。この資源配分は行政サービスの活動基盤となるもので政策用具に対応します。具体的には人件費、物件費、補助費、扶助費などに区分されます。

　経済学的には支出は消費支出、移転支出、投資支出（投資的経費）、公債費支出などに、収入は税収、使用料等、処分収入、公債・借入金収入などから構成されます。ただし、行政サービスには調達したカネを直接給付する補助金、社会保障給付の扶助費などの移転支出（先の定額給付金も）もあります。図 8-1 は財源調達と配分及びサービスの関係を整理したものです。

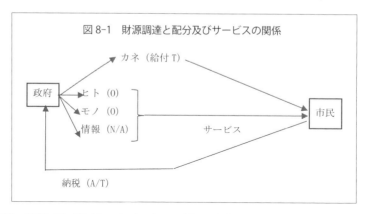

図 8-1　財源調達と配分及びサービスの関係

　実際の規模感を理解するために都心近郊の武蔵野市の状況を見てみましょう。令和 2 年度の普通会計の決算では、カネの移転支出にあたる扶助費、補助費等及び繰出金は 56.7％ に上っています。また、物件費と投資的経費（普通建設事業費など）は 24.0％、人件費は 11.7％ となっていて、これらカ

<hr />

59　国の財務書類（平成 2 年度）では 540,258,620（百万円）の債務超過になっている（連結ベース）。

ネ、モノ、ヒトで歳出合計の約 9 割を占めています。令和 2 年度は新型コロナウィルス感染症にかかる一人 10 万円の定額給付金があり補助費等が例年より増えている特殊事情 [60] がありますが、その要素を除いても最大の歳出費目です。ラスウェル（Lasswell, 1936）は、前述したように政治は 'Who Gets What When, How' を決定することと述べています。政策用具でカネを誰から調達し（誰の負担で）、誰に給付するか自体は財務にかかる領域ですが、政策及び経営で最大の論点です。

　しかしながら、カネの交付にもコストを要し、人件費や物件費が発生します。対象者に正確に迅速に給付することが重要ですが、そのためにはデジタル化と情報のセキュリテイを確保しておくことが必要です。

2．民主的統制とアカウンタビリティ

　政府は公権力の行使による財源調達をするわけですので、その根拠を明らかにし、財源を何に充てるかにつき国民・市民の代表である議会で審議決定する必要があります。また、その使途や結果につき議会を通じて国民にアカウンタビリティを負っています。財政民主主義あるいは民主的統制という概念は、財務に関する基本原理です。

　政府では財源は市場における自律的な交換取引で調達されませんので、企業のように成果を交換取引の結果たる利益（収益から費用を控除した）で把握できません。何をするか、どの財源を充てるかを事前に決定して、それを執行していくことが政府に求められます。ここでは、事前統制にかかる予算、期中統制の会計及び事後統制の監査に分けて検討します。

60　この補助費は国からの定額給付金という補助金（国・都支出金）を財源としている。

（1）　予算

　予算は我が国では財源と使途という歳入・歳出両面で作成され決定されますが、外国では歳出予算のみをさす場合もあります。政府の活動原資となる財源の使途と上限を決定するものです。この使途・費目の決め方には科目主義か成果主義あるいは複合主義かの３つのアプローチがあります。

　まず科目主義とは人件費、物件費などの性質別の費目を予算科目とする方式です。政策用具 NATO の適用とも対応しており、使途の透明化に優れ、理解しやすい反面、何を目的としているのか、成果との関係をどうみていったら良いかの課題もあります。

　次に成果主義は性質別でなく目的または結果を単位とした予算科目を採用します。たとえば特定疾患の予防を目的にした「特定疾患対策費」は目的名を付した科目です。最後の複合主義は目的・成果と費目を組み合わせた科目をとる考え方です。実際はこの複合主義に近いものが多く、歳出予算科目を款・項・目・節などに階層化し、款・項・目で目的別、節で性質別の費目を表します。自治体の例で示せば、款と項は議決科目、目と節は執行科目であり、予算の議決を必要とするのは款と項のレベルです。款項目は同じ目的別なのですが、担当する部門が部、課、係などに細分化されています。したがって、我が国の予算は科目主義で政策の目的が考慮されていないという見方は正確ではありません。成果は明示されていませんが目的と性質の両面が予算に反映されています。

　なお、歳出予算は議会が行政に付与した歳出上限とされます。しかし、行政活動に伴い当初予算で想定した以上の需要が発生した時に議会の承認を得るとなると、時間を要し行政需要に対応できない事態が想定されます。こうした場合、行政サービスの供給に伴い収入の増加が確保できるときは、その収入増加分だけ経費の増加、つまり歳出予算の増額を認めることが合理的です。事業収入の増加が見込まれるような事業特別会計において弾力条項

として規定 [61] されています。議会による民主的統制と行政の需要応答性の
バランスをとった措置といえます。

　予算の透明化や受益と負担の関係に関する情報提供という点で、租税歳出
の問題があります。これは租税特別措置による減収額、適用者にとっては租
税減免額を意味しますから、実質的に補助金の受領（政府にとっては租税に
よる支出）と同じです。税収の減は歳出の増と効果が同じだからです。しかし
ながら、租税歳出は予算の歳出や歳入に現れませんし、予算書で補足説明も
されません。

　我が国では「租税特別措置の適用状況の透明化に関する法律」（平成 22 年
法律第 8 号）により適用実態調査として財務省主税局から平成 23 年から公
表されています。予算審議に間に合うように例年 1 月に国会に報告されて
いますが、結果として誰の減税になり、いかなる便益が生じたかは不明です。
適用金額の最大は中小企業等の法人税率の特例（本則の 19％にかえて 15％）
の約 4 兆円です。これは中小企業対策費だとするとどの程度地域経済の活
性化や雇用維持につながったのかが知りたいところです。

　予算の方式としては大括りの目的を設定し、その範囲でならば使途制約が
ない一括交付金が弾力的な補助金として使用されることが増えています。

　これは交付先に使途の裁量権があるため一律的な国・自治体の規制に沿った
資金の使用がされず効率的な執行が期待できるとされる反面、明確な目的や成
果が定まっていないと事後的なアカウンタビリティが果たせない危険性があり
ます。新型コロナウィルス関係の地方創生臨時交付金はこの例です。

　また、財政の持続可能性を民主的統制しようとするとき中期財政計画を策
定して基礎的財政収支や債務対 GDP 比などの指標で管理することは有効な
方策です。

61　国の場合は特別会計に関する法律第 7 条、自治体の場合は地方自治法第 218 条第 4 項に規
　定がある。

（2）　会計（認識と測定：現金主義と発生主義）

　財務管理で予算執行の記録と報告を担う会計は、予算への準拠性を確保するとともに一定の体系で測定し報告することでアカウンタビリティの装置として重要です。政府では会計を通じて予算への準拠性を確保することが勘定体系というより会計職員の内部統制として要求されます。

　たとえば物品購入の支出をするには、支出負担行為担当官による支出負担行為（支出の原因となる契約その他の行為）と支出官の審査が必要です。審査とは支出負担額が事前に示達された支出負担行為限度額以内であるか、歳出科目が正しいかの検証です。この点が予算は絶対的でない、あるいは予算制度がない[62]企業との違いです。会計・決算が常に予算を参照して記録・報告される様式になっています。ただし、会計の個々の経済取引を体系的に記録するという機能は、勘定あるいは人を通してであれ、予算単位を超えて働きます。先に政府の歳出予算では款項目は目的、節で性質別の上限額を示していることを述べましたが、人件費や物件費の上限を節で規定しても、それは１年間の合計額です。したがって、毎月の各署での給与などや物品購入のその都度の支払いの適正な執行には経済取引の記録における会計管理が必要になります。予算統制は会計数値の集計で果たすことができるのです。

　市場での交換取引の記録を中心とする企業会計と非交換取引が中心の政府の会計は取引の態様が異なるから区分すべきという議論が昔からあります。確かに拡大再生産型の企業行動と消費経済的な政府活動は、より多くの収益を目指すか、定まった額を限度としてより多くの質の高い活動を行うかの差があります。しかし、資源の投入から消費及び活動、成果という資源変換（政府ならば政策過程）は企業であれ、政府であれ、共通しています。

62　大企業では予算や販売計画などが策定されるが中小企業では取引先との関係で受注や売り上げが決まるため予算書や予算制度がないことはめずらしくない。かつて大学院の非常勤講師で予算管理の話をしたときに社会人学生から聞かされた。

　会計における記録・報告システムでは測定の焦点を現金などの資金とするか、経済資源（財務的資源、物理的資源などの非財務資源）とするかで現金主義と発生主義に区分されます。現金主義とは、経済取引で資金の流入あるいは流出があったときに、取引がなされたと認識し測定する方式です。一方、発生主義とは資金の流入・流出に関係なく取引の事実が発生したときに認識し測定する方式です。ここで取引の事実とは、経済的便益又はサービス提供能力の増加（収益）又は減少（費用）です。少し専門的に定義[63]すると、費用（収益）は資産の流出・減損（流入・増加）、負債の発生（減少）です。資産とは将来の経済的便益が会計主体に流入すると期待される経済資源または潜在的なサービス提供能力を伴うもの、負債とは経済的便益を伴う経済資源が会計主体から流出し、またはサービス提供能力の低下を招くことが予想されるものです。収益や費用が資産・負債から定義される構造になっていること及び政府活動は必ずしも経済的便益（資金）の流入をもたらさないことから企業会計の国際財務報告基準（IFRS）とは異なりサービス提供能力という用語を併用しています。

　予算も現金主義と発生主義の 2 つがありますが、発生主義予算は英国やニュージーランド、オーストラリアなどの一部の国にとどまっています。他方、会計・決算においては世界の多くの国が現金主義から発生主義に移行あるいは移行予定になっています。これは、発生主義は財政の透明化や資産・負債管理においてフローとストックの有機的関係を明らかにし、ストックの状況を開示する点で現金主義より優れていることによります。現金主義でも資産や負債の情報は、別途公有財産台帳及び債務残高として作成公表されています。しかしながら、インフラ資産などは金額の表示や情報の整備が不完全で負債との関係も明確でありません。他方、予算で現金主義を維持している国が大半なのは、発生主義ベースで資金を配分・権限付与をすると配分時には使用しない資金を行政部局（会計主体）内部に留保することになるから

---

63 IPSAS では潜在的なサービス提供能力という定義で企業との違いを示している。

です。固定資産の減価償却費（取得価額を耐用年数期間に配分する）や職員の退職金引当繰入額などはその費用認識・計上時に資金の流出・支払いがなされません。当期に資産価値・機能の減耗や退職金支払いの原因となる事実が発生したにとどまります。発生主義ベースの資源消費額を資金配分しない発生主義予算の方式もありますが、それでは予算の表示が発生主義だけで実質的な意味が少ないということになります。

　なお、会計や財務報告において成果やサービスの質あるいは最近では気候変動から温室効果ガス排出ゼロへの取組状況を一定の様式で開示する動きが企業及び政府部門とも盛んになっています。国際公会計基準審議会でも非財務業績に関する報告様式について議論をしています[64]。政府では財務と非財務が切り離され、財務管理と業績管理に長く区分されてきましたが今後は統一化、一体化されるかもしれません。

（3）　監査（不正摘発主義と業績改善主義）

会計検査院（Supreme Audit Institution；SAI）

　監査はしばしば予算、会計の事後監督という意味合いで使用されます。我が国の会計検査院も独立した財政監督機関といわれ、世界的にも「財政の番犬」と称されます。しかし、役割を正確に理解されることは少ないようです。企業の監査を担う公認会計士・監査法人の業務が会計不正・誤謬を発見することと誤解されているように、政府の監査人である会計検査院及び監査委員も不正摘発を主たる仕事と認識されることが少なくありません。

　公認会計士制度は戦後の証券市場改革の一環で生まれ、企業の財務諸表に独立した専門家として監査意見を表明することで財務情報に信頼性を付与することを目的にし、財務諸表の誤謬等は作成者の責任としています。換言すれば、投資家の意思決定に使用する財務情報の信頼性について保証を与える

---

64 IPSASB（2015）.Reporting Service Performance Information, RPG3.

ことです。安心して利用してもらうための情報インフラの維持のための役割が基本です。他方、会計検査院の業務は憲法 90 条に定める国の決算の検査であり、具体的には会計検査院法第 20 条にあるように「会計経理を監督し、その適正を期し、且つ、是正を図る」こと及び「国の収入支出の決算を確認する」（会計検査院法第 21 条）ことです。したがって、不正摘出自体が目的でなく、会計経理の適正化と是正を行うこと、つまり、適正な執行と不正などがあったときに改善することです。是正改善のため制度などに改善が必要な場合には処置を要求したり意見を表示することができます。もちろん不正経理などがあったときには予算執行職員の責任があったか否かの検定も行いますが、これは検査院の活動の一部にすぎません。

　国際的には会計検査院の活動領域はポリットら（Pollitt et al, 1999）や最近の比較研究（OECD,2016）によると、財務面から業績面へ、判定から評価・改善へ、過去志向から未来志向へ拡大してきています。図 8-2 は、検査院の 4 つの機能が次第に中央部の方に収束してきていることを示しています。ドイツやフランスは司法官の身分を有する財政裁判所的 [65] な性格が強く、他方、英米などは会計の専門家である監査人の会計監査から始まりました。

その後、業績検査の進展から業績評価、プログラム評価についても担うようになるとともに、支出に見合う価値（VFM）向上の見地から業務改善の機能も果たすようになります。

図 8-2　会計検査院 (SAI) の活動領域

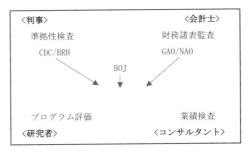

注：CDC は仏, BRH は独, GAO は米, NAO は英, BOJ は日の最高会計検査機関

65　フランスの会計検査院は Cour des Comptes で会計裁判所, EU やオランダの会計検査院は Court of Audit と呼ばれる。

研究者や経営コンサルタントの役割なり特性も要求されるようになりました。判事、会計士、研究者及びコンサルタントはそれぞれ異なる専門職で特有の意思決定・行動様式を有していますので、監査人の独立性とどのように調和化するかが課題になっています。判事は灰色領域が存在しても最終的には白か黒かの判断を行うことになりますが、会計士の判断は保証水準に応じた意見表明の区分があり、２つではありません。０か１かの準拠性の基準とグラデーションの保証の基準は最終的にはデジタルかアナログかの変換の差になります。また、研究者やコンサルタントは研究対象の組織等に深く入り込み内部事情に詳しくないと的確な分析や改善策を提示できません。しかし、このことは当該監査対象組織に対し独立性の維持と抵触する可能性がでてきます。

　会計が客観的測定に力点を置くのに対し、会計検査はアカウンタビリティを独立した視点から応えようとするため、企業の財務監査の信頼性保証を超えた役割を果たそうとします。それは、企業監査が想定するような資本市場での競争性や市場原理が作用する場合には情報の保証で足りた役割が、政府のような非市場的な環境では監査人が自ら代理測定することになります。信頼性が保証できない財務報告が監査で見出されば、市場での評価で株価下落か当該企業は市場からの退場を迫られます。しかし、政府では市場原理が働かず、有権者による直接的な権利行使も原則として選挙に限定されます。このため、監査人による是正改善や情報提供がアカウンタビリティを果たす上で、また、民主的統制を補完する点から意味を持つのです。冒頭の前書きに記した米国会計検査院ＧＡＯによる将来課題の提示は先見性（foresight）の象徴例です。もちろん、政治的中立性から政策の価値自体の評価や批判は会計検査院の権限を超えることになります。

独立財政機関

　監査に似た機能を担うものとして近年、独立財政機関（Independent Fiscal Institution；IFI）が注目されています。監査が主として期中あるいは

事後的な事象を扱うのに対し、この IFI は財政予測や予算の前提条件が信頼できるデータに基づいているか、合理的な仮定や計算にしたがっているかなどを政府や財政機関から独立した立場から検証します。財政当局の試算や前提条件が政権の政策推進のため歪められていないかをチェックすることで、楽観的な財政予測や過剰な経費計上などが実施されないようにすることが期待されています。

　我が国でも基礎的財政収支の黒字化の目標実現のため経済成長を高めに設定しているのではないか、逆に税収見込みを過少にしているのではないかなどの議論があり、財政の持続可能性や予測の信頼性を向上させる効果があるとされます。監査と異なり予算編成に先立っての情報になりますので、その独立性の保持や意見表明に工夫が必要です。

3．経営モデルとの関係

OPA と財政管理

　伝統的な行政管理においては、財務管理は投入次元に焦点をおいた統制になります。カネの投入では予算から資金を支出します。予算への準拠性が求められる政府では予算科目に従った費目に支払いがなされ予算の上限額を超えないことが条件です。費目に現金で支出された（資金投入）ときに費用（＝支出）と認識されます。また、会計事務職員の内部統制により、予算との整合性や限度額などが審査されますが、その後の資金の使用やどのような結果をもたらしたかは財務管理としては制度的に追跡されません。ただし、資金投入（支出）時に認識されるから目的や成果との繋がりがないわけではありません。たとえば、防災管理のための設備費の購入とか補助費の支出は、防災目的であることは明確であり、その購入者あるいは補助事業者（受領者）が適正な使用に努めれば一定の防災効果は発揮するはずです。しかし、この

関係はあくまでも期待的なものですので目的志向や成果志向の財務管理とは定義されません。その意味で、現金主義による認識・測定と投入管理とは理論的整合性があるといえます。また、現金主義による予算制度が適用されていれば、予算費目にしたがった支出がなされているかは予算遵守のチェックになります。

　OPA的な財務管理は補助金の使用の際にも影響します。一般的に補助金は特定目的のための活動経費に対して交付されますので、目的外に使用することは禁止されており、特定目的に使途が制限されています。工場設備の高度化のための補助金であれば、住居用に使用することはできません。これらの使途はすべて資金の用途支出で判断されます。

　監査の焦点も投入管理では資金の収入・支出の予算や法令への準拠性になります。予算や会計は資金の出入れに着目して作成・記録されますから、法令に定める収納がなされたか、過大な支払いがないか、正確な記録がされているか等を確認することになります。なお、現金主義による資金収支や投入管理であっても、経済性（economy）・効率性（efficiency）・有効性（effectiveness）のいわゆる３E検査は可能です。物品等の調達における予定価格の算定（積算）で数量や単価が過大でないかを確認することで経済性の検査ができます。また、調達した器具などの利用状況（稼働率）が低ければ非効率な事態と認定できます。さらに全く利用のない状況ならば効果はゼロになります。

NPMと財務管理

　NPMはOPAに比して資源管理とサービス管理において大きな差があります。OPAの投入志向から成果志向に資源管理の方向性を転換するとともに、サービス供給や調達管理において市場原理を基本にします。成果志向に管理を転換するということは費用対効果などの効率性の測定において、成果に対応する費用を算定するということです。児童館を整備して放課後の児童の健全育成に資することとすれば、成果は児童の学習力や社会性の成長度合いになります。その際の費用は、現金主義では整備時には建設費や設備費と運営

費（光熱水費や人件費などを含む）、供用時には運営費になります。時期により費用の範囲が異なり、金額も整備時には大きくなり、供用時には運営費のみになります。しかし、この児童館の施設や設備は建設・設置時のみならず、その耐用年数期間にわたり利用され効果を発揮します。したがって、整備費を耐用期間に配分した額（減価償却費）を毎年度の運用時に加算する発生主義が合理的です。この期間配分額は施設・設備として取得した物理的資源の毎年度の成果に伴う消費額（減価＝消耗額）と解釈できます。現金主義を支持する論者から資産額を期間配分する減価償却や退職金債務の費用認識（退職給与引当金繰入）は毎年度一定額が発生するならば現金支出額で計算しても大きな差がない、複雑な計算で仮定に基づくものは意味がないという意見があります。確かに毎年度同程度の施設更新がなされたり、職員の退職があれば、（現金）支出額と（発生する）費用はほぼ一致します。しかし、マクロでなく個別の施策や事業のミクロ単位でも資源の管理はする必要があります。その場合に、一時的な資産取得を要するハードな事業と毎年度経常的なソフトな事業の費用対効果を比較するには発生主義で費用を算定しないと、効果と対応しなくなります。ミクロな意味での発生主義の有用性は評価しなければなりません。

　もう一つの市場原理の利用とは、NPM では政府は行政サービスの供給責任を負うものの、供給は民間事業者でも政府でもよく、コストが安くかつ質が高い供給者から購入するという考え方をとります。ここでも財務とサービスの質の測定とは区分されていますが、サービスのコストを官民で比較するには民間事業者で使用している企業会計の方式を政府部門でも採用することが原理に適合します。

　業績と予算を関連付ける業績予算は、必ずしも発生主義とセットになったものではありません。しかしながら、業績をアウトプットやサービスの質で把握するならば、それに対応する費用を（発生主義で）算定して効率性などを測定するのが予算管理者の動機づけや誘因管理として適切と思います。補助金の形態において、NPM では使途制限のない交付金と親和性があります。

NPMは投入管理でなく成果管理を志向しますから、補助で何に使用するかの制限を付すことは成果管理に反するからです。その前提には成果が測定できること、成果が交付対象の努力で実現でき統制可能なことが必要です。

　監査との関係では、NPMは伝統的な保証的監査と業績監査に影響します。NPMでは成果管理を厚生経済学的な費用便益分析やプログラム評価で行うのでなく、業績測定と費用計算を基盤に指標で目標・実績を把握し、目標を達成できるように修正行動をします。したがって、コスト情報や成果指標、目標値が意思決定に重要になってきます。このため、成果指標やコスト情報の信頼性を監査を通じて保証することが求められます。現状では例外的に一部の国や州政府[66]で業績指標の監査が実施されるにすぎない状態です。しかし、企業会計での非財務報告やESG（環境・社会・ガバナンス）あるいは環境指標の標準化が進められています。今後、非財務情報の保証は重要性を増し、政府部門での経験はより参考になると思われます。業績監査においては経済性や効率性の比較がされますから、発生主義ベースでのコストと成果指標を対比させたものが監査の判断に使用されます。

ポストNPMと財務管理

　ポストNPMの財務は概念自体が統一されていないため未だ明確ではありません。NPMの個別利益（費用対効果）の最大化の弊害をなくすため、政府全体の視点や個別政策間の調整を重視することが主張されます。また、アウトプットに焦点をおいた成果志向は管理可能性やアカウンタビリティの観点から優れている反面、アウトカムの実現や伝統的な民主的続き・参加や過程（プロセス）が軽視される危険性があります。

　このため、ポストNPMでの財務は政府全体の活動実態を成果に関連して把握すること、アウトカムベースの測定に資すること及びプロセスの要素も配慮することが要請されます。政府全体の活動は発生主義ベースの財務報告

66　ニュージーランドやオーストラリアの西オーストラリア州では制度化がなされている。

システムの連結をすれば測定できます。しかし、その調整や調和を図る機構であるネットワークをどのように財務的に認識するかは不明です。報告主体がネットワークとすると常に変動する主体になるので、管理や測定の単位をどうするかが問題になります。さらにアウトカムとプロセスを重視する財務なり測定システムは、資源の流れの点からは NPM より下流側（アウトカム）であるが同時に上流側（プロセス）です。

　したがって、現状で財務的に適用できる手法は、発生主義に基づく連結会計と政策や施策単位の関与組織の関係を示す図表、補足的にアウトカムと手続き準拠性に関する報告ということになります。なお、固定的なネットワークを利用した官民連携事業（Public Private Partnership; PPP）／民間資金等活用事業（Private Finance Initiative; PFI）における事業主体特別目的会社（Special Purpose Company; SPC）は、当該事業の中心ですのでその会社の財務業績は事業の収益性や事業継続性を判断する重要な指標になります。関係会社などからの出資状況や取引関係も併せて開示することがアカウンタビリティ目的から必要でしょう。

　予算方式としては、民主的な参加を重視する立場から参加型予算が有名です（兼村 ,2016）。地域住民が与えられた予算の範囲内において話し合いで事業を選択・決定することになります。予算決定への住民関与に議会公聴会や陳情といった間接的な参加はありますが、直接的に予算の一部の内容を決定できるため、市民の参加意識を高めるだけでなく議会や行政への理解を深める効果があります。ただし、参加型予算は予算額が限定的であり、重要な政策や予算項目は対象外にされるため、市民の意識改革の意味合いが強いと思われます。また、交付金やプロジェクト経費として実施されますので、現金主義で認識・測定されます。

　監査においては、ポスト NPM の想定する関係主体間の調整による政府全体の目的達成につながっているか、どのようなネットワーク関係や構造が効果的かなどを検証して改善方策を勧告することが期待されます。ただし、行政サービスに要求されるネットワークの安定性の観点からは、中心となる主

体の調整能力が重要になり、ネットワーク組織における階統構造をどう維持するかが実務的な課題になります。大型プロジェクト等では一つの政府主体で実施するのは不可能であり、多くの関係機関・者と業務を分担して行う必要があります。請負や委託で民間事業者に業務の一部を担わせると OPA 的な指揮命令や NPM 的な裁量性では管理できません。分割された業務の仕様や性能あるいは品質の明確化だけでなく時間及び業務間の擦り合わせ能力が要求され、財務以外に人的・組織的な能力が必要になってきます。

4．独立行政法人での予算管理：現金主義対発生主義

　我が国で 2001 年創設の独立行政法人制度は NPM の包括的適用といえます。特に財務面では国や自治体を含めて発生主義ベースの財務報告を作成していますが、これは現金主義の制度の補完として説明責任の観点などから実施されています。しかしながら、独立行政法人では会計は企業会計に準じた会計を法的に使用することにしており、計画についても発生主義ベースの収支計画を作成することにしています。同時に現金主義の予算・決算制度も維持されています。したがって、現金主義と発生主義が制度的に併存する二重制度（dual system）とみなせます。現金主義の方式、あるいは完全に発生主義に移行した方式のいずれが適切かは、資源管理以外に民主制の観点から今なお論争中のテーマです。ここでは、その論争そのものを扱うのでなく、二重制度になっている場合にどちらの基準に基づく財務情報が利用されるかを以前分析した結果（Yamamoto and Kobayashi,2010）に基づき検討します。

　2001 年の創設から組織形態の変更（統合など）がなかった 36 法人を対象に 2007 年度決算までについて、3 つの論点から検証しました。

　第一は意思決定主体により事前情報（予算や計画）と事後情報（決算や財務報告）の重要度は異なるのではないかというものです。財政当局は独立行

政法人を効率化の手段としてみる傾向にあると推定され、計画や予算上の経常経費に関心があると思われます。他方、管轄の主務省や独立行政法人側は実績としての経常経費の水準を重視すると考えられます。つまり、独立行政法人は活動水準を維持するのが基本目標になりますから、主務省からの補助や委託などを増額し運営交付金の減額に備えようとします。

　この点を検証したのが表 8-1 です。計画（予算）段階では独立行政法人の経常支出が増加するものは全体の 27.3% ですが、実績では 41.6% になっています。発生主義ベースの収支計画で経常費用の増加は全体の 38.9% ですが、実績では 58.3% と大幅に伸びています。この支出（費用）の増分は予定収入（計画収益）以上の実際の収入（収益）増で賄われなければなりません。独立行政法人の制度設計から運営費交付金は毎年度一定の率（効率化係数）で削減されることになっています。実際、運営費交付金は 2001 から2007 年度の間に現金主義ベースで 221 億円減少していますし、発生主義ベースでも 241 億円減少しています。他方、経常支出（費用）では、現金主義ベースでは 47 億円の増加、発生主義ベースでは 212 億円の減少となっています（表 8-2 参照）。

表 8-1

	経常支出		経常費用	
	増加	減少	増加	減少
計画	27.3%	72.7%	38.9%	61.1%
実績	41.6	58.3	58.3	41.7

表 8-2　　　　　　　　　　　　　　　　　　　（単位：100 万円）

	経常費用		交付金	
	発生主義	現金主義	発生主義	現金主義
2007 〜 2001 年の変化	△ 21,203	4,758	△ 24,140	△ 22,103

　このことは交付金の削減は計画的に実施されているものの、活動水準を維持する力（主務省などからの委託費等と自己努力による収益）が作用しているのではないかという第二の論点が生まれます。実際、現金主義では従前と

同じ額を確保していること、発生主義ベースでは経常費用も低下していることがわかります。さらに、独立行政法人の予算や財務統制において用いられているのは現金主義の考え方でないか、逆にいえば、発生主義はあまり活用されていないのではないかという3つ目の論点です。この検証のため、経常支出（費用）の予算（計画）額と実績額の差について、全ての法人について2001年度から2007年度までのデータを使用して標準偏差と変動係数を算定しました。

　現金主義ベースの差と発生主義ベースの差を比較しますと、表8-3に示すようになります。標準偏差及び変動係数とも現金主義による実績と予算の差の方が発生主義による実績と計画の差より有意に小さいことがわかります。このことは、独立行政法人の実際の財務管理として現金主義が発生主義よりも準拠の枠組みとして使用されていることを物語っています。発生主義の情報はアカウンタビリティや損益計算書の利益を通じて経営努力の評価の基礎になるとされていますが、組織の業績管理としては現金主義による情報が重視されているといえるようです。

表8-3

| | 標準偏差 | | 変動係数 | |
	発生主義	現金主義	発生主義	現金主義
予算と実績の差	0.1027	0.0851	67.2987	14.9653

第 9 章　情報と規制・法律運用の経営

1．政策過程との関係

情報と公権力の行使

　政策用具の情報 N と公権力 A は公共政策の実施・運営において極めて密接な関係を持っています。徴税の T と徴税組織 O の一体化も国家の徴税権という公権力を前提にしていました。しかし、徴税権の行使をするには、納税者の所得などの経済状況の把握が基本になります。歴史的に統計が徴税や徴兵目的のため発達してきたことは、国民の財産や人数などの経済及び人口動態を国家が把握する必要から生じたとされます（竹内,2018）。この基礎資料を得るのが統計であり、それは国家権力（公権力）の行使（A）による情報収集（N）とみなすことができます。

　実際、公的統計を規定する法律である統計法は改正され、新たな統計法（平成 19 年法律第 53 号）として成立しましたが、その目的及び報告義務の規定は、国家や国民の意思決定における情報の重要性とそのための公権力の行使を明確に述べています。

　具体的に引用すると「公的統計が国民にとって合理的な意思決定を行うための基盤となる重要な情報である」（第 1 条）と述べています。ここで主体が国民となっているのは、国家の意思決定も国民主権の憲法の考え方に依拠していることと公的統計の利用者は企業や一般国民なども含めて想定しているためです。そして、公権力の行使を示すのは第 13 条の報告義務です。国

勢統計や国民経済計算などの基幹統計調査の報告（回答）を求められた者が報告を拒んだり、虚偽の報告をすることは禁止されています。さらに、これらの規定に違反した者には50万以下の罰金が課されます（第61条）。戦後まもなく制定された旧統計法（昭和22年法律第18号）でも、第5条は申告義務として「政府、地方公共団体の長又は教育委員会は、指定統計（新統計法の「基幹統計」とほぼ同じ：筆者追加）調査のため人又は法人に対して申告を命じることができる」としていました。

　また、罰則として第19条で「申告を命ぜられた場合申告をせず、又は虚偽の申告をした者は」6か月以下の懲役もしくは禁錮又は10万円以下の罰金に処するとなっていました。統計調査のための公権力の使用が罰則で強化されていることがわかります。もちろん調査担当者の機密保持義務なども規定されて民主的な手続きが担保されていますが、統計と権力行使の目的・手段的な関係が理解できます。

政策過程における情報と権力

　具体的な政策過程に沿って情報と規制（権力）がどのように関わってくるかを検討します。

　まず、アジェンダ設定についてです。この過程は社会的問題が発生しているのを認知し、政策課題として認識する段階でした。社会的問題の把握は、もちろんマスコミなどの報道やＳＮＳ（Social Networking Service）での情報により把握することも可能です。しかしながら、その問題がいつから、どのくらいの規模で、いかなる問題を生じているかを客観的に認識するには比較可能な様式の大規模調査をする必要があります。少子化や子育ての問題も定期的な出生動向基本調査という公的統計（5年ごとの一般統計調査）で初めて定量的に把握可能な現象です。もちろん、統計で扱わない事件や事象で重要なものもありますので統計以外の調査も必要な場合があります。民間機関による調査結果を活用することも重要です。

　次の問題構造の明確化においては、問題の背景と原因の関係を探り構造を

分析する必要があります。ここでも公的統計や各種調査結果は貴重なデータですが、問題の構造化にはデータとともに一定の理論（仮説）に基づく問題のモデル化が必要です。原因と結果の関係及び統制可能な要素と不能な要素など環境を特定化しなければ政策形成につなげられないからです。第1章で扱った分析の枠組み（フレーム）です。少子化の構造自体が複雑で厄介な問題ですが、経済負担などに焦点をおいた経済モデルを用いるか、結婚や子育てのような家族や社会の価値や行動に焦点をおいた社会学や心理学的なモデルを用いるか、あるいは少子化の状況が異なる他国の制度・慣習や文化の状況に着目した文化人類学的なモデルを援用するかなどの多様な考え方から選択しなければなりません。

　三番目の政策形成に際しては、問題の構造化を受けて、どのような政策関与をすれば問題が解決するかの方策を検討します。問題の構造から要因にいかに働きかければ結果が変わってくるかを予測することができるはずです。この予測や推計には、モデルや分析の枠組に応じた専門的知識が情報以外に必要になってきます。政策の立案部局で多様なモデルに対応する専門人材を常に抱えることは困難ですので、専門家の知見を活用し研究会・審議会等においての政策案を検討することもしばしば行われます。

　政策案は必要性、緊急性、重要性、効率性、有効性などの観点から多角的に評価され、複数案のなかから選定されます。証拠に基づく政策決定は効果に着目しますが、政策案の決定には効果に関する証拠だけでなく必要性、優先性、効率性などの観点から判断されます。

　また、効果に関する証拠が時間的あるいは構造的に見いだせない場合も実際にはあります。こうした場合には、評価観点の指標に使用する情報（統計を含む）に基づきどのように総合評価するか、総合点をつけるか（各項目に重みづけをするか）が政策決定の最大の論点になります。採点基準とか評価項目があっても専門家に総合評価をお願いして最大値あるいは最高値になる案を選定するのは、行政側にとって恣意性を排除した公正性及び専門家の判断による説得性に利点があるからです。

　政策実施に関する情報は、行政管理の基本ですので最も整備が進んでいます。政府が公権力の行使なり責務として情報を市民などに伝えたり警告するなど垂直的な作用をするものもあります。

　といっても予算の執行とか活動状況の報告が主たるものになりますから、必ずしも成果やコストに関する情報が含まれる保証はありません。中心は予算執行や法令遵守に関する報告です。これらは議会統制にかかる情報でもありますから、公権力の行使に対する責任を果たしているか否かに関するものです。問題は予算の単位と政策の単位が一致しないため、予算執行の情報と活動の情報が対応しづらいことです。政策の実施が、お金（資源）の流れと活動の流れの2本から構成されているからです。

　評価過程は、我が国の現状では国では政策評価制度、自治体では行政評価の枠組みの中で運用されています。どちらも業績測定による目標と実績を比較する方式が中心です。評価情報として事業等の継続か廃止かの意思決定や改善への反映にどの程度使用されているかは、国の場合には政策評価法に基づき報告されています（表9-1参照）。

　しかしながら、評価の現場から評価疲れやマンネリ化が指摘され、より簡

表9-1　目標管理型の政策評価結果の反映状況（令和3年度）：政府全体

項目	件数	％
政策評価の結果の政策への反映	２５６	100.0
継続	２４３	94.9
見直し	１２	4.7
うち一部廃止・休止・中止	（１）	(0.4)
廃止・休止・中止	０	０
その他	1	0.4
予算要求への反映	２３６	92.2
機構定員要求への反映	６８	26.5
うち機構要求	（２４）	(9.3)
定員要求	（６８）	(26.5)

注：括弧内の数値は内数である。

素な評価体系と政策の改善やＥＢＰＭへの寄与を強調する内部の効率化が外部への説明責任の機能より勝ってきているようです。政策との対応関係で成果や効果の実績を把握するには、公的統計では時間の遅れ・周期や対象の限定に難点があります。したがって、簡単かつ適時・経済的に成果や活動に関する情報を入手できる調査システムが必要です。従来の国（県・市）政モニターなどに替えてサービス利用直後のメール等によるアンケート調査をマイナンバーや行政サービス利用登録を活用して行うことも有用かもしれません。この際、回答者のバイアスを避けるため一定の回収率（世論調査並みの）を確保することが必要ですし、利用者属性を把握することが意図した利用者（目標集団）と実際の利用者との差異を把握する意味からも重要です。

2．デジタル化：市民による情報利用の日米比較

　情報の経営における活用については、行政内部の業務の効率化と並び市民の情報利用やアクセスの容易さを民主制下においては保証することが重要です。そこで、最近（2020 年）行った電子政府に関する国際比較調査[67] から日米比較を通じて現状を整理します。

　まず、政府のウェブへのアクセス頻度については、1 か月以内にアクセスした市民の割合は、日本では国、都道府県、市町村の順に13.3％ ,19.3%,27.6% です。米国では、連邦政府、州政府、地方政府の順に24.1%,27.3%,22.6% となっています。したがって、我が国では市民との距離が近いほどウェブへのアクセスが多い状況になっているのに対し、米国では政府のレベルは明確な影響を与えていないようです。次に政治家へのアクセス頻度に関して、議員に過去 1 年間で接触（会った）ことがあると回答し

た比率は、日本の国会議員、都道府県議員、市町村議員について、それぞれ 4.4%,7.1%,8.2% に対して、米国の連邦議会議員、州議会議員、地方議会議員について 25.1%,20.9%,22.4% となっています。明らかに市民の議員に対する接触は、米国の方が高く政治が身近なものとなっていることがわかります。この点は日本での知事及び総理大臣・大臣への接触が 3.2%,2.2% に対し、米国の州知事及び大統領・副大統領・長官への接触が 16.5%,13.7% と同様に高いことからも裏付けられます。

　また、政治家へのアクセス方法については、上位 3 つの手段は日本の国会議員及び市町村議員ではそれぞれ、メール（20.2%）、電話（17.5%）、面会（17.5%）及び SNS（17.5%）並びに面会（30.6%）、電話（25.1%）、メール（18.3%）となっています。これに対し、米国の連邦議員及び地方議員について、それぞれメール（31.4%）、電話（20.3%）、手紙（11.3%）及び電話（24.3%）、メール（24.2%）、面会（19.9%）の順です。メールと電話が主要な接触手段ですが、日本では国会議員との接触でも面会が重要な手段になっていることは興味深く、対面での陳情などが依然重要なものと推察されます。

　他方、行政の実務を担う公務員へのアクセスについて過去 1 年間に相談あるいは接触したことがある比率は、日本において国家公務員及び都道府県公務員につき 16.2% 及び 24.3% になっています。米国における連邦公務員及び州政府公務員については 26.1% 及び 28.0% ですので、国のレベルの公務員への接触は日本が低いといえます。

　また、接触方法については、日本の国家公務員及び都道府県公務員につき上位 3 つは電話（30.7%）、メール（20.2%）、面会（15.5%）及び電話（32.3%）、面会（20.8%）、提案（15.8%）になっています。これに対し米国の連邦公務員及び州政府公務員につきメール（28.0%）、電話（24.2%）、オンライン（12.1%）及びメール（32.6%）、電話（23.7%）、手紙（11.7%）となっています。基本的に政治家と公務員への接触方法に大きな違いはないようです。

　情報の位置づけについて、市民の政府情報の信頼度は情報利用の基本になります。日本の政府情報への信頼度は「完全に信頼」及び「かなり信頼」

の合計で評価すると 16.7% に対し、米国の連邦政府の信頼度は同じ定義で 37.3% です。前のトランプ政権下で「代替的事実」(alternative facts) という表現が生まれた状況下においても、我が国より政府情報が信頼されている、逆に日本の市民が政府情報が低い信頼度としているのは注目しなければいけません。同様の認識は政府ウェブにある情報の信頼度においてもみられます。「完全に信頼」と「大いに信頼」の合計値は米国の 42.0% に対し、我が国は 17.3% にとどまっています。この背景として国民の情報ニーズと政府の情報提供に関する認識の差があるようです。

　具体的には、「決定とプロセスに関する情報の提供」が「非常に重要」または「重要」と思う者の割合は、米国では 73.8% に対し日本では 49.5% です。また、政府が「サービスと成果に関する情報を提供すること」を「非常に重要」または「重要」と認識する者の割合は、米国で 74.5% に対し、日本は 52.2% になっています。そして政府情報がインタネットにあることを「非常に重要」とみなす割合は、米国の 44.5% に対し、日本は 16.8% となっています。成果やプロセスに関する情報ニーズに最も利用される媒体であるインタネットを通じて情報を提供することに対し、需給が整合的なのが米国です。他方、日本は成果やプロセス情報の重要性は認めているものの、インタネットを通じた情報を現実に重要と認識していない状況です。行政サービスの手続き面での利便性には関心があっても、政策の決定プロセスやその成果に関する情報は特に必要性を認識していない人が多いのかもしれません。しかし、市民は主権者ですから、代表者の議員に任せきりでなく政策決定の過程や結果に関心をもつのが民主制下では当然のことです。米国は民主主義の「先進国」から「新興国」になってしまったと一部に批判がありますが、(少なくとも回答した) 市民の民主主義的な意識は高いようです

3．経営モデルとの関係

OPA と情報・規制

　情報・規制と代表的な経営モデルとの関係については、政府情報を利用する側が誰か、また、その情報は権力的な行使を伴うかで整理できます。政府と市民の間で情報は、広報と開示からなる情報系と市民の行動・活動とセットとなる経営系に区分できます。情報系の広報は政府が行政情報を市民に向け一方的に伝達周知するもので企業の広報・宣伝と似た部分があります。これは発信側の政府の意図をなるたけ多くの市民に理解してもらうことを目的としています。そして、この情報系は政府の経営モデル如何に関わらず民主制下では共通します。他方、開示は政府の市民への情報提供という面では広報と同じですが、市民からの情報公開請求に応じた行政情報の開示で双方向のものです。民主制における市民の知る権利の行使とそれにこたえる政府の開示責任のセットです。したがって、この段階では公権力の行使はありません。次に情報と行動が経営モデルでどのように関連するかを検討します。

　まず、伝統的な OPA では統計が公権力の行使で情報を収集するものであったと同様に、行政として市民への指揮命令の一環あるいは公共財として情報を発することがあります。

　気象警報の伝達や警告あるいは避難の指示などは、国や自治体による国民生活に有用な情報の直接提供です。これらは通常の気象情報とは区分され、防災気象情報として政府だけが行える業務です。そのために国などは災害に関する情報の収集及び伝達に努めなければならないことになります。

　徴税は納付通知とセットの行為ですし、予算決算や財政状況報告は法令により政府や自治体に議会や市民に情報を開示・公開することを求めています。法案（条例）・予算が法令にしたがって審議され、予算執行や行政が予算や

法令に従って運営されるのは、法令や予算書という情報が拘束力をもって行政の活動を縛るということです。準拠性の根拠は民主的に決定された基準・規範ということになります。情報と準拠する行動規範が連動（対応）した経営モデルが OPA です（図9-1参照）。以下、右側の経営系に焦点をおいて比較します。

図9-1　OPA型

NPM と情報・規制

また、NPM においては、政府が市民や民間事業者に情報を通じて一定の行動を促す側面があります（図9-2参照）。OPA と異なり命令的な内容を含む情報が市民に伝達されるものではありません。情報に経済的・心理的な誘因を含めて発信することで特定行為を促すことを目的とします。市民や民間事業者が特定行動をするときに経済的誘因を得られるような情報を与えることで、行動を政府の意図した方向に導くことが可能になります。

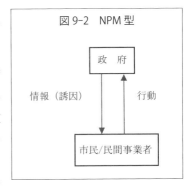

図9-2　NPM型

　たとえば、当初計画や目標に比して質は同じでより効率的な活動（サービスの提供）をすれば、経費節減額の50％を事業者に還元する誘因契約の提示とそれへの応答です。また、市民等に行動経済学を利用してナッジ（そっと押す）による環境保全活動を促す

のも、強制でない情報とそれに対応する市民の行動変容への期待とみなせます。ナッジを NPM の手法に含めているのは、経済誘因と同じく人の意思決定要因（利得）に働きかけて行動を変化させようとしているからです。（後ろからそっと）押されて行動を変えるというのは、積極的というよりどちらかといえば受動的・消極的なものといえます。

　我が国では環境省が取り組んでおり、最近ではナッジ事業の効果をランダム化比較実験で検証することもしています（環境省,2022）。その実証実験によると、地球環境温暖化の社会的影響を強調し非金銭的な利得を説明したパンフレット配布は、金銭的利得（電気代の節減）を強調したものなどに比して省エネ行動につき有意な効果がみられたとしています。ただし、冷蔵庫の省エネタイプへの買い替えの場合には効果が確認されたのに対し、電力消費量の少ない白熱電球から LED 電球への買い替えには効果がみられない結果となっています。ただし、省エネ効果は LED 電球の方が大きいので、ナッジの効果なのか、経済的要因が介在しているかの詳細な検討が必要かもしれません。

　このほか、我が国では国土地理院が情報を無償で提供して一般の利用に供し、民間事業にも活用してもらってビジネス促進を図ること（鎌田,2009）が地図情報で実施されています（地理空間情報活用推進基本法第 18 条第 2 項）。前述の気象情報は民間事業者の参入が認められていますが、基本的な気象データの観測などは気象庁に技術的・経済的な優位性があります。民間気象事業者は、気象庁が保存する各種気象データを有償で取得し独自のデータなどを用いて付加価値の高い気象情報を利用者に販売し、新たな気象ビジネスの創造が期待されています（大西他,2019）。これらは政府情報のオープン化で民間事業者のビジネス機会を創出するもので、広い意味で政府情報の経営・市場化といえます。

ポスト NPM と情報・規制

　ポスト NPM の経営モデルでは、政府と市民において情報の共有、活動の

協働が基本になります（図 9-3 参照）。経営
原理はネットワークですから、ネットワー
ク参加者の間で必要な情報が共有されない
と調整や全体目的の達成が困難になりま
す。

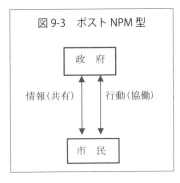

図 9-3　ポスト NPM 型

政　府

情報（共有）　行動（協働）

市　民

　災害時に、自治体などの「災害応急対策
責任者は災害に関する情報を共有し、相互
に連携して災害応急対策の実施に努めなけ
ればならない」（災害対策基本法第 51 条第 3 項）のも同じ理由からです。

　他方、新型コロナウィルス感染症での感染者情報の共有化や入力項目の多
さや FAX 送信によるシステム入力の遅れが発生したことは記憶に新しいと
ころです。感染者の爆発的拡大による入院調整には病院間の病床や入院患者
及び受入体制などの情報の一元化と共有化が必要です。実際の現場では、ブ
ロック単位のシステムを別途作成して対応したところが多かったようです。
また、入院患者が感染症の重症から回復して転院することは新たな患者受け
入れのためにも重要ですが、その場合には転院先の病院が受け入れる必要が
あります。回復期の患者の受け入れ先は感染症の扱いに慣れていないところ
が多く、医療スタッフの協力が得られないこともあります。

　こうした場合には、受け入れ先の感染症自体の的確な理解と対策を学習す
ることで病院ネットワークとして感染症患者の分担・調整が可能になります。
誘因でなく学習によって必要性の理解（ブースト）をして行動（回復のコロ
ナ患者受け入れ）に移すという流れが実現されます。

　確かにコロナ患者受け入れの病床には特別の財政措置もされましたが、経
済的誘因で受け入れる病院は限定的でありました。垂直的な誘因付与の制度
だけで動機づけたり行動を促せる場合もありますが、自発的・自主的な情報
共有を通じた協働によって全体が機能する場合もあることに留意しなければ
なりません。

4. アプリ・ナッジ・図表化の利用と効果

接触確認アプリ（COCOA）の利用

　新型コロナウィルス感染症に対して、我が国では政府が行動制限を要請することはあっても強制はしないこととしています。中国や規制が厳しい国では人の行動管理と健康調査及び感染・ワクチン接種情報を一体化して、感染対策をしています。そのなかで接触追跡アプリの利用が有名です。感染者と近距離に一定時間いた場合に警告を発して検査や自己隔離につなげることで、早期治療に努め感染拡大を抑止しようとします。我が国でも 2020 年夏にはシステム開発がなされ COCOA（COVID-19 Contact-ConfirmingApplication）として無料で使用が可能になり、また、プライバシー保護の観点から個人を特定化せず、政府が接触情報を使用して特定の関与をしないこととしています。しかしながら、開発して間もなくソフトの不具合が発生したため、第 7 波に突入した 2022 年 7 月 22 日におけるダウンロード数は 3788 万件で全人口の 3 割程度にすぎず、陽性者登録者数は約 162 万人で累積陽性者数の約 1101 万人の 14.7% となっています（2022 年 9 月末で利用休止）。ダウンロード数は利用可能な人数と考えてよいですから、14.7% の登録者数は利用可能者のうち約半数しか実際には使用していないということを意味します。

　そこで接触アプリとして相当の効果が期待されましたが、どういう要因で利用が低くなっているかをインタネット調査の結果から分析してみました。順序ロジット分析[68]とよばれる手法を用いますと、COCOA の利用を規定している要因で統計的に有意なものは、政府への信頼度と居住地域（都市部在住）の 2 つでした（詳細は Kuroki et al., 2022）。COCOA の不具合があったこと、個

---

[68]　利用度合いが「常に利用」、「ほとんど利用」、「まれに利用」、「全く利用しない」の順序尺度で区分して、順序ロジット分析を行う。

人情報は利用されないことになっているか国民の間に疑念が残っていたと思われることなどのため、政府への信頼度が低いことが利用の低迷を招いていることがわかります。この点は、三密（密閉・密集・密接）回避などの感染症対策への遵守度を同じ調査で分析した結果において、政府への信頼度は有意でなく、むしろ専門家への信頼が高いと遵守されやすいことと整合的です。

　我が国の感染症対策が強制措置を伴わず国民・市民の自主的対応に依存していることは、政府などによる効果的な情報発信が重要であることを物語っています。

　もっとも、政府の情報発信を強化しても、その内容が感染症対策のようにキャッチ用語（三密）や比較的視覚的に理解しやすいもの（マスク着用や手指の消毒など）でない場合もあります。その場合には、どのようにすれば情報が伝わるか共有されるかが課題になります。

ナッジの利用：災害避難
　ナッジの活用については、市民の活動を強制できない場合や自主的な活動に委ねると時間がかかったり一部の層のみに効果が限定されて不適切な場合に適用が期待されます。

　気象庁は自治体では災害に関する気象情報をより伝わりやすくし、住民に避難などの適切な行動を取ってもらう工夫をしています。ただし、なかなか都市部などでは実際の避難勧告や指示がでても避難する人は限定的です。実際の被害がなかったということから、警報などへの慣れがでていることによると思われます。予測の精度が不十分でも警報などを発表し、少しでも被害を減らそうとする情報の出す側及び受け取る側の双方の意思と行動のギャップが背景にあります。

　そこで、警報などの情報の出し方に気象や災害の自然科学的要素以外に人間社会や意識行動に働きかけるナッジ的な要素を加え、より意図した避難行動を促そうとする試みもされています。広島県が2018年の豪雨で実際に避難した住民が0.74%であったことから、大阪大学の大竹教授らの研究グルー

プは住民へのメッセージにナッジを応用して避難を促進しようとする研究をしています。県の従来の災害を知ること重視の防災教育のメッセージ（統制群）と、周囲の人々の行動への同調性及び自分が避難することによる周囲の人への利得（に与える損失）に関するナッジを含むメッセージ（処置群）とを比較しました。

　この処置群は、具体的には同調性と利他的な外部性を含む利得（避難することは人の命を救うこと）からなる「同調＋利得」、同調性と利他的な外部性を含む損失（避難することは人の命を危険にさらすこと）からなる「同調＋損失」、救援物資を得るという個人の利得になる「利得」、救援物資を得られないという個人の損失になる「損失」の4通りです。避難場所への避難意思を示す者の割合は統制群に比して、「同調＋損失」メッセージで15%、「同調＋利得」メッセージで11%、また、「利得」メッセージで7.5%、「損失」メッセージで10%増加したとしています（大竹他,2020）。

　このようにナッジ情報により避難行動の促進が期待されることがランダム化比較実験で確認されています。もっとも、この結果はあくまでの避難「意思」であり、実際の避難「行動」でないため慎重な判断を必要とします。環境保護のように日々の活動での配慮行動が重要なものでないため、緊急時などの非常時に有効かもしれません。コロナワクチン接種に際して副反応を気にして接種をためらう若い層に対して、周囲の人の感染を抑制する効果もあることを強調するメッセージも同じ効果を狙ったものです。

　しかしながら、同じ手法でナッジメッセージのワクチン接種意向を促進するかに関する実証研究（佐々木他,2021）では、高齢者層には効果があるものの若年層には一切の促進効果を示さなかったとされています。ナッジ情報に過度に期待することは危険といえます。

図表化の活用：自治体の公会計情報

　国、自治体は2000年前後から資金収支のみの会計から資産や負債の状況も収支と合わせて報告することで、行政活動の透明性や説明責任の向上を図

る取り組み（公会計制度改革といわれる）を進めています。しかし、公会計制度改革は企業会計と同様の発生主義[69]の考え方を採用するとともに政府部門特有の処理[70]も含んでいます。このため、なかなか職員及び市民の理解が難しく、実際の活用状況も低いとされています（山浦,2021）。主権者である市民の意思決定に資することや市民への説明責任の向上の見地から、整備された公会計情報の理解可能性を高めることが前提になります。

　実際、国際公会計基準審議会や米国政府会計基準審議会では理解可能性を質的特性の要素に含めています。この理解可能性を高める工夫として提案されているのが説明や図表による補足をすることです。いくつかの先行研究（Langella et al., 2021）では補足説明が理解可能性を改善したという報告もあります。しかし、一般市民を対象にランダム化比較実験により補足がある場合とない場合を比較して効果を確認したものはありませんでした。

　そこで、我が国の有権者から代表性を維持したうえで抽出し（合計1122名）、何も追加なし（財務書類のまま）Ⅰ、説明補足（科目の説明）Ⅱ、図表補足（収益や費用のグラフ化など）Ⅲ、説明と図表補足Ⅳの4グループにランダムに割り振り、理解可能性に差が生じるかを調査しました。その結果は表9-2に示すように、4グループ間に有意な差は認められません。つまり、市民への補足情報は図表（infographics）の理解促進効果を示さなかったのでした。

表9-2　理解度の差

集団	平均値	標準偏差
Ⅰ	3.4148	1.5827
Ⅱ	3.3082	1.4658
Ⅲ	3.3655	1.5802
Ⅳ	3.3546	1.5738

注：全く理解できない＝1から 非常に良く理解できる＝7のリッカート尺度で測定

---

69 取引の原因となる事実の発生のときに認識し測定する方式。
70 たとえば、最も基本的な収入である税収は損益計算書で収益と認識されずに、純資産変動計算書で財源に計上される。もっとも、国際公会計基準や多くの国では税収を収益に計上している。

　それならば、どのような要因が理解可能性を規定しているかを探るため、理解度を従属変数（被説明変数）とした回帰分析を実施しました（表9-3参照）。世帯収入の回答者は全員でないため、収入を変数に含まない場合（モデル1）と含む場合（モデル2）の2ケースについて分析すると、両方の場合に有意な変数は、性別、透明性・説明責任、会計知識及び学歴の4つです。男性、行政の価値として透明性・説明責任を重要とみなし、会計知識が豊富、学歴が高いほど理解可能性が高い傾向にあります。性別の要素がどうして影響するかは不明ですが、ナッジのような「そっと押す」程度の情報提供では理解可能性に変化は与えないようです。むしろ、時間を要すると思われるブースト的な学習が情報提供よりも効果的なことを示唆しています。会計リテラシーに加え、民主主義のリテラシーを高める取り組みが情報の視点でも重要

表 9-3　回帰分析（従属変数＝理解度）

変数	モデル1（偏回帰係数）	モデル2（偏回帰係数）
説明追加	-0.0319	-0.1396
図表追加	0.0793	0.1026
説明追加×図表追加	-0.0019	-0.0503
性別（女性＝1）	-0.2432***	-0.2628***
居住地	-0.0464	-0.0440
投票	0.0970	0.1709*
世帯収入	-	0.0431*
公正性	-0.0402	-0.0436
持続可能性	-0.0106	-0.0121
効率性・有効性	-0.0722	-0.0476
透明性・説明責任	0.1711**	0.1775**
準拠性・正当性	0.0763	0.0533
年齢	0.0012	0.0010
会計知識	0.2872***	0.2929***
学歴	0.0707**	0.0543*
調整済み決定係数	0.1804	0.2051
標本数（N）	1122	884

注　*p<0.05, **p<0.01, ***p<0.001

といえます。具体的には、政府側が情報開示や広報の質を高めることでは限界があり、市民側の知識や関心を深める工夫や努力を促すことが重要ということです。地区住民やボランテイア集団における学習支援、学校の現場での特別授業や自治体側の地区への出前講義などに時間をかけて取り組むことが重要です。

第10章　市民・企業との関係の経営（社会の経営）

　ここまで扱ってきた資源管理は、基本的に政府の統制が及ぶという意味で管理可能な資源に焦点をおいた経営論でした。公共政策でも市民参加・参画が一部考慮される部分がありました。ただし、政府が経営の戦略中心（コア）で市民や民間事業者はどちらかといえば二次的なアクターという位置づけでした。しかしながら、地球環境や少子化等の厄介な問題が増え、それが長期的な人々の生活に影響することが明らかになるにしたがい、政府がコアな問題解決者であり続けられるかが問われるようになりました。それは資源面での制約だけでなく、解決能力として関係者が参加・協働することが不可欠になっているという認識からです。

　1990年代から2000年代にかけて統治（governance）が盛んに議論される（March and Olsen,1995;Ostrom,1990;Peters,2001;Pierre,2000;Rhodes,1997）ようになったのは、国家や政府の問題解決能力の限界あるいは適応として政府の果たす新しい役割に注目したからでした。

　ここでの議論は国家の「空洞化」（hollowing out）という意見（Rhodes,1994）もありましたが、全体的には新しい問題解決策としての統治とそれに対応した手法が生まれているというものでした。NPMはこの一つの手法ですし、この章で扱う政府以外の多くの関係者の協働（資源と活動）も統治の形態です。そこでは、政府単独の問題解決でなく問題のタイプや性質に応じて統治構造や手法が適用されるという思想です。もっとも、公権力を有する政府以外のアクターを問題解決者に含めることは強制性でない協働概念に依ることになり、経営や統治において従来の行政や公共政策にない検討課題がありま

す。もちろん、これまで基本としてきた政策用具の NATO は公共政策や政策デザインの分野でも使用されています。

　しかし、NATO はもともとフッド（Hood,1976）の「政府の用具」（Tools of Government）で使用されている基本概念ですので、ガバナンスや協働の用具とは適合しない部分があります。本章ではこの協働型の経営モデルの概念と手法について説明します。

1．政策過程との関係

協働モデルと政策過程

　政府以外の利害関係者を問題解決の当事者として位置づけるということは、政府もその他の利害関係者も政策過程モデルの全局面で主要アクターとしての役割を果たすことになります。協働論で最も広い概念定義をしている Loeffler（2021）によれば、協働（co-production）は、計画・優先度・財政の協働化（Co-commissioning）、設計の協働化（Co-designing）、実施の協働化（Co-delivering）、評価の協働化（Co-assessing）の４つがあるとしています。政策過程からいえば、Co-commissioning はアジェンダ設定、Co-designing は 問題の構造化と政策形成、Co-delivery は政策の実施、Co-assessing は政策の評価に対応します。

　もっとも、すべての政策につき協働モデルでなければならないかは政策の段階及び内容によって判断が変わります。大災害などの緊急事態が発生していかに早期に対応し復旧するかの段階で、復旧計画や優先度を関係者と共同で検討するのは時間の無駄になる場合があります。もちろん、復旧後に新たな災害対策・復興の検討には協働で計画を検証したり改訂することは有効です。また、警察・消防・自衛隊などの安全・治安・防衛にかかる施設について、周囲の地域環境への配慮は必要であるものの、計画・設計に際し一般市

民の要望は聴取しつつ、検討や設計内容に参加することは機密保持の観点から慎重な姿勢が必要になります。治安や安全にかかるものでも、刑期を終えた犯罪者の社会復帰を支援する観点から地域社会として関与することが本人の再生にとっても重要になります。こうした場合には、利害関係者（地域社会）として矯正機関や警察・司法当局とも協働して活動することが重要で、検討、設計、実行及び評価の協働が必要でしょう。

　とりわけ現代的な課題、地球環境・省エネ・ワクチン接種・防災対策の効果は、すべて対象集団たる個々人・企業及び社会の行動に依存します。政府が公権力を行使して規制措置（たとえば炭素税の導入）を講じても、それに対し人々がどのように反応するかで効果が規定されます。したがって、効果に関係する主要アクター（利害関係者）は何を行うべきか、どのように政府を含めた利害関係者間で分担して成果を達成するかを事前に検討しておくCo-commissioning 及び Co-designing が重要です。

　図 10-1 は協働の概念モデルです。期待される公共サービスの成果を得るには協働アクターとして行政組織以外に利用者及び地域社会が想定されてい

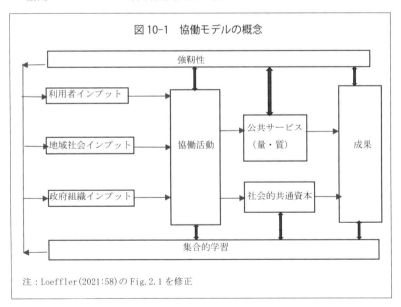

図 10-1　協働モデルの概念

注：Loeffler（2021:58）の Fig.2.1 を修正

ます。3つのアクターの協働活動により公共サービスが提供され、同時に社会的共通資本も造成されると考えられ、そこから個別利用者、地域社会及び行政の成果が得られます。こうした一連の過程を協働システムの強靱性（適応性）と集合的学習（各アクターが学習する能力）が支援するとみなします。

行政と市民（住民）の協働という用語は我が国でも 1970 年代から[71] 使用されていますが、利用者と地域社会を区分して認識したことは、自助・共助・公助論[72] に通じるところがあります。

協働モデルの利点と限界

この概念モデルの利点は、従来の行政と住民の協働以外の協働パターンにも適用できることと協働経営の管理・改善にも活用できることです。最近、我が国でも適用されるようになった水道のスマートメータによる見守り活動を例に考えてみましょう。水道は地方公営企業（水道局）として自治体が運営しています。この水道の使用状況はメータで把握できますので、通信回線を利用して高齢者などの身の安全を判断するデータとして使用できます。朝の起床時間から相当時間経過して水道使用がなければ、寝たままで通常活動がない状態と判断されます。夕方から夜の時間帯の使用がなければ、入浴をしていないことも推定できます。この情報を知らせる相手が、民生委員などの地域社会の担当者であれば、自治体と地域社会及び見守り対象の利用者の協働事業として見守りサービスをとらえることができます。

もちろん、見守り者が本人の家族等であれば利用者、自治体及び家族が協働者であり、利用者と家族を住民とみなせば行政と住民の協働事業になります。事業主体の水道局は水道の付加サービスとして利用者（または家族）から料金を徴収します。実際は、この見守りサービスには通信事業者の回線を

71　寄本勝美や足立忠夫が 1970 年代半ばに行政と住民の協働を提唱し、荒木昭次郎（1990）が概念と手法を確立したとされる。

72　自助・共助・公助は東日本大震災後に防災対策の概念として盛んに使用されるようになった。厚生労働省では地域包括ケアの概念で自助・互助・共助・公助を示していたが、互助を共助に含めて使用することが多い。

使用しますから、民間事業者の協力も必要になります。

　協働化には隘路もあることを知っておかねばなりません。一般的に次の5点が協働化の問題とされています。

　第一はアカウンタビリティの欠如です。協働では複数のアクターの関与があり、成果に関するアカウンタビリティを特定化するのが困難になります。誰がどこまで責任をもつか事前に協定を結んでおくことも考えられますが、ボランテイアなどの自主的な協働に依存する場合には質・量の確保が課題になります。対策としては協働化のモデルの理解に加え、各アクターが何をすれば成果が達成できるかの訓練・研修が必要です。

　第二は透明性のなさです。どうして協働の相手が選ばれたのかを説明しないと市民の間に不信感があらわれます。先の見守りサービスでも有料ということは、利用者負担が生じるということになります。協働もあくまでも行政サービスの一環として実施される限り、公正なアクセスを保障する必要があります。

　第三は継続性の危惧です。協働の相手が流動的な存在のボランテイアであったり、契約で明確に縛ることができない場合には、行政の安定的かつ継続的なサービス供給が難しくなります。継続性を維持するための経済的誘因の確保と時点では協働参加者が異なっていても動的には安定的な人材や資源が供給できる体制整備が重要になります。

　第四は多様性の欠如です。政策や経営のイノベーションを図るには、均質化されない人材や情報が必要とされます。しかしながら、直接の利用者でなく自主的に行政との協働に参加する層は、意識は高いものの計画検討や設計あるいは協働事業に関与するには時間と労力・熱意を要します。結果的に同一メンバーが参加する可能性が生まれますので、多様な参加者・協働者が得られるよう中間組織（人材バンク）の活用が考えられます。

　第五は準拠性が無視される可能性です。協働事業も行政活動の一部として担われる場合が多いですから、資源の利用や管理について法令や予算等の規定を順守することが求められます。特にボランテイアや非営利組織には協働

の理念や成果に関心が深いものの、なかには、規則や中間段階にはあまり興味を持たない人もいます。公金に関する法令遵守につき研修などを通じて学習しておくことが重要です。

　これまで触れた公共政策の複雑性や厄介性を立法や行政で認識していなかったわけではありません。基本法は議員立法によるものが大半ですが、1990 年代以降の各種基本法にはアクターとして政府（国と自治体）、事業者、国民の責務を定め、国だけの行動では法の趣旨（政策目的）が実現できないことを認め、まさに協働の法体系になっています。いくつかの法律で確認しましょう。

　先に取り上げた「子ども・子育て支援法」（平成 24 年法律第 65 号）では「保護者が子育てについての第一義的責任を有するという基本的前提」（第 2 条第 1 項）の下、市町村・都道府県・国、事業者及び国民の責務が規定されています。ここでは保護者、政府、事業者及び国民の協働が想定されています。子育て支援のアクターとしては政府、事業者及び国民という位置づけです。

　他方、地球環境に関する「地球温暖化対策の推進に関する法律」（平成 10 年法律第 117 号）は、地球温暖化につき「全ての者が自主的かつ積極的にこの課題に取り組むことが重要である」（第 1 条）とし、全員の問題解決に向けた行動関与の必要性を説いています。そして基本理念として「我が国における 2050 年までの脱炭素社会の実現を旨として、国民並びに国、地方公共団体、事業者及び民間の団体等の密接な連携の下に行われなければならない」（第 2 条の 2）としています。国民を含むすべてのアクターが連携する必要性を認識し、国、地方公共団体、事業者及び国民の責務を定めています。

　また、土地基本法（平成元年法律第 84 号）では土地が公共の福祉の観点から管理される基本理念から土地所有者等、国、地方公共団体、事業者及び国民の責務を定めています。

　このように法的には協働モデルが説くように政府以外の利害関係者が協働・連携して問題解決に努力する方向が提示されています。すると、問題は、どうして協働を実現させるか、起こり得る協働の負の側面を避けるかになります。

2．協働モデルと組織形態

　ただし、すべての社会問題を協働や連携で解決するのがよいとは限りません。我が国の公立病院や水道事業等の地方公営企業も人口減少期にはいり、経営の見直しが進められています。その中で病院同士のネットワークで個々の病院の機能を特化する方式（拠点病院と診療所など）は、政府組織間の協働・連携の例になります。また、複数の自治体が一部事務組合を設立し、その組織で上下水道などのサービスを供給する形態も規模や能力の活用の点で優位性があります。しかしながら、複数の病院を独法化して統合することでネットワーク化を図ることも可能ですし、水道事業の一部の民営化やPFI化なども効率化策として検討されています。逆にいったん民営化したり独法化し

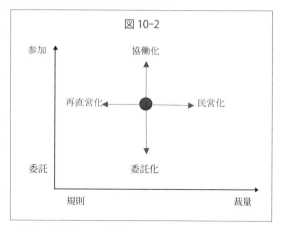

図 10-2

た事業を直営に戻すことで事業の存続を図る場合もあります（図10-2参照）。

　さらに、国や自治体の組織でない民間事業者の事業であるものの地域社会にとって重要な役割（公益性）を担っている場合に、政府側が財政支援したり新たな枠組みを導入することで政府と民間事業者の連携が新たに生まれることがあります。人口減少地域における民間地方鉄道に対し上下分離で、基盤施設（下）は自治体の所有とし、運営（上）を民間事業者が担う方式とか運営への支援財源として新たな交通税のような制度を導入することも計画さ

れています。

　協働の是非は行政サービスの内容なり発展形態により変わることもあります。資源としての情報を行政がどう使うかでアナログ政府、電子政府及びデジタル政府に区分する考え方（OECD,2014；2020）があります。アナログ政府では、ICT が内部事務の効率化のために使用され、住民などの外部とのサービスの改善には影響しません。したがって、住民などとの協働は視野に入りません。

　次の電子政府の段階では、行政過程の透明性の向上と利用者の利便性やサービスの改善が目的になり、窓口サービスや各種申請のオンライン化が可能になります。さらに進んだデジタル政府では、行政サービスの供給自体が電子化されます。給付金や手当などの交付や健診等の案内や結果連絡も自動化されます。

　こうした電子政府及びデジタル政府では、住民は役所の窓口などに出向く手間は省くことができますが、同時に行政が指示する様式なりフォーマットで入力などの作業を「顧客」側で実施する必要があります。その意味で利便性（協働の効用）を得るには行政サービスを行政と市民が共同で実施することが要請され、それに応じない（られない）住民は排除されるか利便性を享受できないことになります。公平性と利便性の両立をどう図るか、弱者対策をどうするかが検討しておかねばなりません。

　DX やデジタル・ガバナンスの段階になると、政策のデザインや実施及び評価の過程をオープンデータを活用した公共空間で市民などは共同生産者として参加できるようになります。もちろん、この場合には特定の属性の市民などが参加することが想定され、代表性や民主性が確保されない可能性に配慮する必要があります。討議や実施に多くの市民が参加する必要がありますが、多様な意見や新しい発想を取りいれること及び政策理念の理解を深めるなどの協働の利点を活かし、政策決定には議会審議を通じて行う工夫が必要でしょう。デジタル・ガバナンスでは協働の統治者として参加しない（できない）市民がどうしても出てきます。この声なき（サイレント）な市民の意

見を聴くには、デジタル以外の装置・工夫で補完しなければなりません。政策対象の特定集団（6 〜 10 人程度）に対するフォーカス・グループ（インタビュー）[73] とか SNS などの公式調査や統計以外のビッグデータの分析が有効です。いずれも市民意識調査などでは見出しにくい隠れた潜在意識や課題を明らかにできる利点があります。

3. 経営モデルとの関係

市民の行動選択：離脱・発言・忠誠

　行政の使用する経営モデルはハイブリッドで 3 つのモデルすべてを利用していることを 6 章で示しました。ただし、経営モデルは基本的に行為主体の政府（国や自治体等）に着目したものです。

　本章で扱う協働あるいは利害関係者は政府以外のアクターも政府と対等に政策過程に関与すると想定しています。したがって、これまで扱った OPA, NPM, ポスト NPM といった政府の経営モデルとは別次元の利害関係者（stakeholders）、特に市民サイドからみた政府経営への関与の視点を導入する必要があります。経営モデルと政策用具の関係も、政府主体にとっての用具の NATO だけでなく、利害関係者（S）による協働を加えた NATOS に拡大したものと考えることができます。つまり経営モデルと市民の行動の対応関係です。市民を含む組織成員の行動基準として有名なものは、ハーシュマン（Hirshman,1970,2005）の「離脱」(Exit)、「発言」(Voice) 及び「忠誠」(Loyalty)の 3 つです。

　ここで離脱とは属している組織との関係を断つことです。市場経済ならば

ある企業と顧客としての関係を断つ、つまり、使用する店や商品・サービスを変更することです。これは供給先が多数存在し、変更する費用が大きくなく、代替品・サービスの質や価格にも問題がない前提があります。政府と住民の関係を断つには別の国や自治体に移動することが必要になり、その移動コストが高いか不可能な場合にはこの離脱の方法は使用できません。

　二番目の発言は、現在の組織に不満があるか改善すべき点があれば意見を述べたり、改善のための行動を起こすこと（声を張り上げる）です。民主制下では伝統的な手法として街頭デモやストライキ（職場放棄）・集会の他、住民投票や監査請求の請求などが該当します。選挙は定期的な意思表明の機会を与えるものですが限定された回答からの選択になります。

　三番目の忠誠は、組織に対して不満はあっても改善を期待してそのまま関係を継続する保守的な姿勢です。商品やサービスに愛着がある顧客ならば、会社の不祥事などがあっても別の会社に替えることはないですから、企業としては最も重要な無形固定資産といえます。自由に国籍を変えることは誰もができることではありませんし、自治体レベルでもすぐに居住地を移転する人は少ないと思います。そのため、積極的な忠誠という意味でなく、消極的な忠誠で政府に対して我慢するという対応が一般的になります。この不満が我慢の限界を超えて発言と結びつくとき、革命や政権交代あるいはポピュリズムの興隆が出てきます。

OPA における協働

　この市民が取りうる 3 つの選択適応（行動）と経営モデルの対応について協働に焦点をおいて整理します。結論を先に述べれば、各モデルとも行政と住民等との協働は可能であり、選択行動がモデル別に異なるということです。

　まず、OPA について考えます。OPA の基本原理は公権力に基づく指揮命令による統制です。市民は統治される客体です。もちろん、民主制下では国民は主権者たる地位を認められていますが、日常的な行政では執行の対象です。したがって、ハーシュマンの行動からすれば、行政活動につき不満はあっ

ても我慢してしたがう消極的な忠誠が基本になります。行政サービスを受けられなくなることや給付の対象外にされる危険性を避けるためです。

　離脱や発言はリスクがあり、多くの市民は選択しないことになります。OPA における協働とは、地区の清掃活動などを町内会として実施したり、学校での PTA 活動があげられます。いずれも河川・道路の維持管理の一部を分担したり、学校での校外活動や設備整備などの教員負担を軽減したり教育費不足を補う人的・資金支援です。町内会や PTA に加入していない限り参加する義務はありません。しかしながら、子どもなどが町内会や学校で嫌な思いをしないようという配慮から、協働に参加する保護者が多いのは忠誠の影響と思われます。このため、自発的な協働の意思からの行動とならないことが課題といえます。

NPM における協働

　次の NPM に関しては、市民は顧客であり経済的誘因にしたがい合理的に行動するとみなされます。市場における顧客＝消費者が最も利用する行動は、購入・利用している供給者・売り手からの関係の離脱、つまり、別の供給者への転換・変更です。

　行政では市場経済でなく消費経済が特性ですので、かかる市場での顧客が利用する離脱戦略は適用できないと思われるかもしれません。しかし、政府は経済的誘因を使用して一定の政策目的に適合した行動を選択するように誘導します。逆に市民は合理的な選択行動で行政の意図する結果を出せるよう自主的に「協働」できます。

　省エネ家電や給湯器に買い替えた場合に政府が住民にポイントを付与するのは、温室効果ガス削減という政策目的のためです。買い替えを検討している住民は、少し価格が高くても省エネ・節電になる器機を購入してもよいと思っているので若干のポイントが付与されればナッジ効果で地球環境保護に貢献すると期待できます。

　東京都が 2021 年度から 2 年間の予定で実施している「家庭のゼロエミッ

ション行動推進事業」はこの典型例です。省エネ家電などに買い替えた都民に、省エネのポイントに応じた商品券と LED 割引券を交付します。年間の CO2 削減効果は 14 万トン、光熱費削減は年 69.3 億円と見込まれ、総事業費は 100.7 億円です。東京都の家庭部門全体の CO2 排出量は 2020 年度 1705 万トンですので、削減効果としては 1 ％以下[74]になります。

　家庭以外を含めた節電や省エネの推進が同時に必要ですが、企業に対しては税制措置もあります。これも経済的誘因による企業の CO2 削減への「協働」とみなすことが可能です。もちろん、企業自身が ESG 投資等で地球環境保護に取り組むことが企業価値を固めるという「利己的」な側面もあります。なお、市民や住民側が行政の市民との協働を伴う施策に関して意識調査などでプラスの評価や満足度を示すことで協働事業を推進することにつながる場合があります。この場合には、消極的・受動的な「発言」の行使で事業を支援している役割を果たすことになります。

ポスト NPM における協働

　ポスト NPM はネットワーク型のガバナンスと経営を想定していました。また、市民は OPA でのサービスの受益者や行政の統制の対象者あるいは NPM における顧客という位置づけでなく、自ら主権者として積極的に政府に関与する者を含みます[75]。

　ハーシュマンの 3 タイプのうち離脱を選択することはなく、政府なしのネットワークで問題解決を図ることは元来政府の関与が必要なかった分野とみなせます。発言は NPM での満足度調査への応答のような受動的なものでなく、むしろ政策提言をしたり行政と一緒に問題解決を図ったり行動する積

---

74 政策の費用対効果として優れているかは議論があるかもしれない。CO2 の原単価をどう設定するか、機器の使用期間を何年とするかで結果は変わるが、国土交通省の鉄道事業での CO2 の単価（2300 円 /t）と 10 年間の使用を仮定すると、年間 14 万トンの削減は約 32 億円の価値で 100.7 億円の投資に比べ少ない計算になる。ただし、欧州諸国では平均 1 万円 /t 以上であるので、欧米基準を採用すると費用対便益比は 1 を上回ることになる。

75 NWS では透明性や公開性は重要視されるが行政の役割、特に官僚機構の近代化や合理的手法の適用に力点がおかれる。

極的・能動的なものになります。この際、ネットワークを構成するアクターとして市民が政府を認識することは信頼が醸成されていることを意味し、相互的な「忠誠」行動を前提にしていると考えられます。したがって、ポストNPMでは市民のとる対応はハーシュマンの離脱・発言・忠誠というより、協働が最も近い選択になると思います。もちろん、全ての市民が協働行動をとることはなく、一部の層は離脱や忠誠あるいは誘因による受動的な協働を選択するでしょう。しかし、ポストNPMが成立するのならば、ネットワークやガバナンスによる問題解決、たとえば地域の見守りによる児童・老人・障がい者ケアを担う協働者が地域や市民に必要です。ここでは企業（たとえば介護事業者や民間の保育所など）や地域社会もネットワークを構成するアクターとして参加します。

　ローフラー（Loeffler,2021:79）が市民の選択行動として離脱、発言、忠誠に加え「協働」があるとしたのは、ポストNPMを市民側から見たものと考えられます。政府側は、市民や地域社会での活動を政府が支援して協働化する方向（上への矢印）が伝統的な政府直営を協働化する方向（左への矢印）以外に存在することを認識すべきといえます。NPO等の自主的な子ども食堂などへの自治体の支援（補助）は、前者の「自助・共助」からの協働化です（図10-3参照）。

図10-3　協働化への移行

	利用者・地域の関与（積極的）	利用者・地域の関与（消極的）
行政の関与(積極的)	協働	伝統的供給(直営・公助)
行政の関与(消極的)	自助・共助	行政・地域の失敗

注：Loeffler(2016:323)を加筆・修正

4．まちづくりと防災の協働

　こうした協働モデルの利点と限界に留意して我が国での事例を取り上げ少し詳しく検討します。

まちづくりプロジェクトの例

　最初は、自治体と民間事業者などが開発プロジェクトに関して協働した例です。南町田拠点創出まちづくりプロジェクトは町田市と東急電鉄の官民共同事業で、東急駅前のまちづくりを市の都市公園（鶴間公園）と東急の商業施設（グランベリーパーク）及びその中央部分にコミュニテイ形成の場（パークライフサイト）を配置するものです。国土交通省の社会資本整備交付金制度を活用した都市再整備事業です。駅の名称も南町田から南町田グランベリーパークに変更され、まちの名称は「南町田グランベリーパーク」とされました。

　公園、商業施設及び中央部のそれぞれの施設所有者は、町田市、東急及びソニー・クリエイテイブプロダクツと異なります。しかし、都市公園と買い物や飲食施設及びその中間の集う空間を配置することで相互に外部効果を得ようとします。従来は公園と商業施設は高低差もあり隔離されていたものが都市整備で一体的な空間を形成し、周回機能で利用者・集客増が見込めます。実際、鶴間公園の年間利用者数は整備前の平成 26 年の 233,726 人から令和 2 年では 557,718 人と大幅に伸びています。同様に駅の乗降客数も同じ期間に 33,679 人／日から 43,883 人／日に増加しています。商業施設やコミュニテイ施設の利用者が合わせて公園を利用したと考えられますし、反対に公園利用の際に商業施設等を利用したと推定できます。

　こうした官民おたがいに利点があることは施設の整備・運用主体からすれ

ば理解できることですが、ここでのポイントは施設の利用者の視点でプロジェクトを検討していることです。

　町田市では整備に先だって住民参加型のワークショップを 17 回開催して市民からの種々のアイデアを採用しています。プロジェクト期間の協働が事業者や市民などによる持続的なイベントや事業を通じてどこまで継続していくかを見守っていきたいものです。

消防団の活動

　持続的な協働という点では、災害対策基本法（昭和 36 年法律第 223 号）における地域防災計画・地区防災計画が参考になります。

　同法第 2 条の 2 第 2 号では基本理念としていわゆる「自助」・「共助」・「公助」が述べられ、関係主体による協働とはこの 3 つの調和化と理解できるからです。具体的には「国、地方公共団体及びその他の公共機関の適切な役割分担及び相互の連携協力を確保するとともに、これと併せて住民一人一人が自ら行う防災活動及び自主防災組織その他の地域の多様な主体が自発的に行う防災活動を促進すること」とされています。防災活動の主体が公共機関、住民及び自主組織であることを宣言し、公助・自助・共助の 3 つが存在するとしています。

　第 5 条第 1 項では「市町村は、基本理念にのっとり・・・当該市町村の地域に係る防災に関する計画を作成し、及び法令に基づきこれを実施する責務を有する」他、第 2 項は住民の自発的な防災活動の促進を図ること第 3 項では消防機関、水防団は相互に協力することが規定されています。第 1 項は地域防災計画の作成とその実施責任を謳っていますから、公助を基本としつつ自助と共助で防災活動をするということです。

　そして、第 5 条の三では国及び地方公共団体とボランテイアとの連携が盛り込まれ、阪神淡路大震災におけるボランテイア活動の役割が法的に認知されたといえます。第 7 条では住民の責務が規定されていますが罰則はなく努力義務です。

　住民自らの防災活動も重要ですが地域の防災という点では、共助に相当する地域の消防団・水防団及び自主防災組織（地区や企業等の）が自助と公助を補完する機能を発揮します。共助としての行政との協働は、行政と個々の住民を仲介する役割をもち、社会的共通資本としての活動形態ともいえます。

　消防団は消防機関ではあるが消防署とは異なる非常勤特別職公務員からなる組織です。常時は他の仕事に従事しておりボランテイア的な性格を有しています。したがって、地域の防災活動を公助及び共助の観点から支えている組織とみなすことができます。消防団員数は減少傾向でありその活性化が期待されていますが、その存在効果の客観的な分析はほとんどありません。

　梅木・加藤（2013）は北九州市を事例に消防団員が居住する地区と非居住区で火災発生件数を比較しています（表 10-1 参照）。人口千人あたりの火災件数及び建物火災件数は居住地区の方が非居住地区より少ないことを明らかにしています。居住人口で統制されているものの昼間の従業人口と夜間の居住人口の比率（従業人口比）は消防団員がいない地区の方が高いため、この点が火災発生率に影響している可能性はあります。消防団員がいる地区は地区としてのまとまりや交流が盛んなことは確かですので、社会的共通資本や地域活動の活性化は防災対策としても有効性が高いと考えられます。

　残された課題は、自力で避難が困難な弱者もいますので自助を常に優先するのでなく、いかに自助・共助・公助を組み合わせ全体としての防災能力を高めるかです。その点では関係するアクターがどのように分担し協働していくかが重要です。

表 10-1　消防団の火災予防効果

消防団員居住	町丁目	火災件数(千人当たり)	建物火災件数(千人当たり)	従業人口比	人口密度(人/km2)
無	673	0.86	0.42	1.64	5670
有	750	0.47	0.27	0.56	6904

出典：梅木・加藤(2013) を修正

終章　まとめ

気候変動の問題

　ここまで公共政策と経営について事例を交えて検討してきました。確かに新型コロナは社会経済活動のみならず行財政にも大きな影響を与えています。しかし、この影響が継続するわけではありませんし、共存なりコロナ後の世界を描く必要があります。地球環境の問題が我々の生活に継続的かつ不可逆的な影響を与えることは科学的に確かになってきました。自然環境と人間社会の関係をどうみるか、この２つは分離しているか、片方に従属するか、相互作用するかの３通りあります。人類の生存を前提にするならば、地球環境という自然を守りつつ持続可能な社会を構築していく必要があり、人類の支配・制御という考え方からの脱却が求められています。石油などの化石燃料依存を克服し温室効果ガスの排出削減は可能になるかもしれません。しかし、これは、代替的な希少資源（レアアース等）によるエネルギーに代替されるだけで、地球の有する資源を減少させ、自然環境に大きな影響を与えることが生態学の進展から明らかになってきています。

　「今まで経験したことのない記録的降雨」とかの表現が気象情報で使用されることが増え、実際、洪水被害の規模や頻度が増加しています。東日本大震災では防潮堤を超えて津波が押し寄せ甚大な被害を受けました。その復興時にどれだけの高さの防潮堤を作ればよいかということが議論されました。東日本大震災と同程度の津波が到来する可能性はあり、また、それ以上の高さも起こり得ます。防潮堤を高くすれば居住地の安全性は高くなりますが、海との関係は遮断されますし、景観上も良くありません。また、どんな災害

にも耐えられる構造となると巨大な壁を作ることになり莫大な経費もかかり
ます。もちろん、人命は第一に守らねばならないものです。

　犠牲者を最小にすることと生活空間の維持の調和を図るには、技術論や経
済分析だけでは問題の解は見つかりません。まさに、政策過程モデルにおけ
る問題の構造化と政策形成において、目標の明確化と達成方法の選択肢及び
そこからの選択が地域住民と一緒に議論されました。選択された案は、防潮
堤で想定される津波を防御し、浸水する可能性がある地域は移転するか、か
さ上げをし、想定以上の津波などの場合には避難するという3つの方法を組
み合わせたものでした。従来のハードの構造物で安全を守るという発想から
の転換です。

気候変動と治水

　地震そのものと温室効果ガスの関係は不明ですが、降雨や洪水と気候変動・
温室効果ガスの発生とは明確な関係があり、台風の強さや短時間降雨の増加
に気候変動が影響していることはデータから明らかになっています。地震の
科学的予測が難しいのに対して、降雨などの気象の将来予測は温室効果ガス
の発生量を想定すれば推定可能です。このため、気象災害に対する防御政策
の代表である治水事業に大きな考え方の変更が生まれています。

　治水事業の最も基本となる概念は「計画高水流量」というもので河川を安
全に流下させる基準となる流量です。この計算には流域における降雨が河川
に流入する前提があるので、自然現象の降雨量が変われば計画流量も変わり
ます。100年とか200年に一度の降雨を安全に流下させることを計画目標
としているのが治水計画です。この計画降雨量は温室効果ガスの発生で増加
が見込まれていますので、治水計画（河川整備計画）の基本的な条件（外力）
を変更する必要があります。1.5度以内の上昇にとどめても気候変動は止ま
らず、計画降雨量の増加が予想されるからです。

　大幅に時間降雨量が増えれば年間の総降雨量は変わらないか減少しても、
一時的に河川に流入する量が増えますから、治水事業（堤防のかさ上げなど）

で対応することで対処できるか、また、それは合理的かを検討する必要がでてきました。先の防潮堤と同じ議論です。しかも、大震災と異なり気候変動の影響は毎年度大きくなっており、計画高水を超える洪水が全国の河川で頻発しています。上流部の人口や農地面積の減少、下流部での氾濫地域内での人口増加などの社会経済状況の変化もあり、堤防やダムあるいは遊水地などのハード施設整備での対応は時間的・物理的・財政的な理由からも限界がきています。そこで、出てきたのが「流域治水」という考え方です。国土交通省の定義によると「気候変動を踏まえ、あらゆる関係者が協働して流域全体で行う総合的かつ多層的な水災害対策」です。

　この定義には、政策の理由、方法・手段とその内容が盛り込まれているという意味で従来の治水の概念を超えています。少し学術的な表現をすれば「政策に実施にかかる経営とガバナンスが同時に含まれている」ということです。本来政策はその目的を記述すれば十分であり、治水であれば洪水被害を防止することになろうと思います。実際、河川法（昭和39年法律第167号）の第1条の目的に「洪水、津波、高潮等による災害の発生が防止され・・・公共の安全を保持し、かつ、公共の福祉を推進すること」と規定されています。流域治水の定義は、政策過程モデルのアジェンダ設定、問題の明確化、政策形成、政策決定及び実施の各過程を要約したものです。政策から経営の流れを示しているとともに、関与するアクターが河川管理者だけでない点でガバナンスの視点が入っています。つまり、本書で述べてきた全ての要素が含まれている点で格好の題材といえ、最終章で検討するに相応しいものです。

　気候変動は大型台風の発生や大量の降雨や海面水位の上昇をもたらし、洪水被害の多発化と激甚化を近年もたらしており（「アジェンダ設定」）、その傾向は加速化しています。人口減少と土地利用形態の変化は降雨の貯留・浸透機能を低下させ河川への流下速度を速め、一層の被害増加をもたらしている（「問題の構造化」）と考え、従来型の治水事業に特化したハード志向の整備の見直しを求めていました。そこで出てきたのが流域全体を政策の対象域とし、ハード・ソフトの総合的かつ多層的な対策及び一定の氾濫を許容して

も被害を軽減するという氾濫防止から防災・減災の転換（「政策形成」）です。この転換には土地利用規制や関係者の協働を進める「流域治水関連法」（特定都市河川浸水被害対策法等の一部を改正する法律（令和3年法律第31号））（「政策決定」）が必要であり、実施には関係省庁の他、流域の自治体や地域住民の理解と協働（「実施」）が不可欠です。流域を対象にすることは関係省庁という所管と同時に国、都道府県、市町村の政府間関係及び政府と企業、地域社会、住民の利害関係者との関係を扱うということ、つまり、政府（ガバメント）でなくガバナンス的解決を目指しています。

流域治水の推進

具体的な施策について流域治水の推進計画を表に整理しました。これは改正法令施行後の令和3年に「流域治水の推進に向けた関係省庁実務者会議」で定められた行動計画です。国のレベルとして16省庁[76]がかかわるという意味で政策が広範囲に影響しているといえます。

大きく（1）気候変動を踏まえた治水計画や設計基準類の見直し、（2）流域全体を俯瞰した総合的かつ多層的な対策、（3）事前防災対策の加速、（4）防災・減災が主流となる社会に向けた仕組み作り、の4項目から構成されます。（1）は気候変動の影響を踏まえ治水計画の対象となる時間・日降雨などの気象現象を見直す必要です。これまで100年に一度としてきた降雨も近年の統計や今後の気候変動を考慮すると、もっと高い確率現象になり、計画降雨を高く設定しなおさねばならないかもしれません。（2）はハザードへの対応、暴露への対応及び脆弱性への対応の3つに区分されます。洪水被害をなくすには降雨がすぐ河道に流入しないように、雨水貯留するか、河川への到着時間を遅くするための浸透機能を強化する、あるいは遊水地で一時保留することが河道整備やダム以外に有効です。また、ダム自体は治水目的で上流域の降雨を貯留する機能もありますが、利水ダムでも事前放流をす

---

76 国土交通省，内閣府，金融庁，総務省，消防庁，財務省，文部科学省，厚生労働省，農林水産省，林野庁，水産庁，経済産業省，資源エネルギー庁，中小企業庁，気象庁，環境省の16府省庁。

表　流域治水推進行動計画（抜粋）

施策	関係省庁
１．計画・基準類の見直し 気候変動の影響を踏まえた治水計画や設計基準類の見直し	文科，農水，林野，水産、国交，気象
２．流域全体を俯瞰した総合的かつ多層的な対策 （１）ハザードへの対応 ①利水ダムを含む既存ダムの洪水調整機能の強化 ②流域の薄井慮流浸透機能の向上・遊水機能の保全 ③戦略的な維持管理（予防保全） ④氾濫が発生した場合でも氾濫量の抑制や水防活動等により被害を軽減 ⑤洪水時に大量に流出する土砂・流木の捕捉	総務（消防），厚労，財務，農水，経産，環境，資源エネ，国交，気象，林野，水産
（２）暴露への対応 ①リスクの高い区域における土地利用、住まい方の工夫 ②まちづくりや住まい方の工夫に必要な土地の水害リスク情報の充実	国交
（３）脆弱性への対応 ①土地の水災害リスク情報の充実 ②避難体制の強化 ③避難行動を促すための情報・伝え方 ④安全な避難先の確保 ⑤広域避難体制の構築 ⑥避難行動につながる平時の取組、避難計画づくり ⑦経済被害の軽減 ⑧金融・保険業界に対する水害の回避・被害軽減のための情報提供 ⑨関係者と連携した早期復旧・復興の体制強化	国交，総務（消防），文科，林野，気象，環境，内閣府（防災），農水，厚労，経産
３．事前防災対策の加速 ①流域治水プロジェクト等による事前防災対策の加速化 ②水災害リスクを踏まえた防災まちづくりの基本的な考え方を提示 ③農業水利施設への新技術活用によるデジタル化・スマート化	国交，農水
４．防災・減災を主流とする社会に向けた仕組み作り ①あらゆる関係者による流域治水を推進するため様々な事業に防災・減災の観点を取り入れた仕組みを構築 ②防災・減災の日常化 ③規制的手法や誘導的手法を用いた流域治水の推進 ④経済的インセンテイブによる流域治水の推進 ⑤流域の関係者間で流域治水の対策の調整を行う場の設置 ⑥自然環境の多様な機能を活かすグリーンインフラの活用	国交，文科，気象，環境，金融，農水

ることで洪水調整機能を高めることが可能です。降雨による上流域からの水
量を放流分だけ貯留することが可能で、下流への放流量を減少させることが
できるからです。もっとも、想定通りの降雨がなく放流分を埋めることがで
きないと、電力（水力発電）や農業・工業用・上水道の用途に割ける流量が
不足する事態になりますので利水用途の関係者との協議が必要です。

　また、ハザード対応として一時的な氾濫を許容しても壊滅的な被害を避け
被害を軽減する方策を打ち出しています。決壊しない堤防からの転換といえ
ますが、戦国時代の信玄堤で有名な霞提とよばれる工法の適用も含まれます。
霞提は堤防の一種ですが、堤防に開口部を設けて洪水時には水を川の外側に
逃し貯留する仕組みです。堤防と遊水の二つの機能を持ち下流の堤防決壊を
防ぐ意味では流域全体の被害を軽減します。しかし、開口部に立地する集落
や住民にとっては洪水時には浸水する状況となります。集落移転を必要とする
場合もあり、生活環境の変化をもたらし地元との協議や合意が前提になります。

　脆弱性への対応では、水災害リスクをゼロにする治水でなくリスクを前提
にした情報伝達や避難体制などのソフトな政策手段に力をいれるとしてお
り、前述の避難促進のナッジ・メッセージの活用も含まれます。従来からの
治水施設整備などの事前防災対策の加速に加え、最後の防災・減災の仕組み
作りは、「あらゆる関係者による流域治水を推進する」ことや規制や誘導的
手法を用いることなどに言及しています。財政制約があるのか、NATOS の
うち情報 N、権力（規制）A、関係機関 O 及び関係者の協働 S が中心の行動
計画になっています。

　総合治水から流域治水への転換の論理と協働による実施は、政策と経営の
相互作用を考慮する本著のアプローチの実例とみなしてよいかもしれませ
ん。流域治水の本格実施はこれからですが、少なくともいえることは、流域
治水の概念に沿った貯留・浸透・流下能力の向上という対策と減災の理念へ
の関係者の理解と協働が災害リスクに間に合う速度で実現する必要があるこ
とです。気候変動の影響の速さに合意形成やハードの整備が追いつくかは、
ひとえに資源の投入と関係者の努力にかかっています。

　しかしながら、災害のような確率的な事象は事態が生起しないと政策の重
要性がなかなか認識されません。日々の暮らしや経済にかかる事項の方が住
民ニーズも高く、政策的にも優先されがちになります。資本的支出は財政出
動の弾力的な要素とみなされる傾向も否めません。これは建設公債などの財
政制度による部分もありますが、経常的な経費やニーズに対応する問題認識
の思考や時間軸のせいでもあります。政策立案や評価において公共事業を他
の経常事業と特性から区分した方式は、バイアスがあります。「防災・減災
の日常化」（行動計画の（４）の項目にある）は的確な施策ですが、実現は容易
ではありません。

　政策はどの分野や領域を対象にするものでも同じレベルで比較検討し、公
共の福祉なり well-being（幸福）の観点から優先度・重点化を決定すること
が重要です。そのためには、問題の構造化においてなるたけ客観的な分析と
可視化を行うことが望まれます。この構造化は実施段階での経営における資
源管理や活動のデザインや管理においても有用な情報です。気温 x 度の上昇
が台風や集中豪雨の頻度や規模をどの程度変化を与えるかは、治水計画で対
象とする洪水流量の計算に連動します。また、この流量をベースにどれだけ
をダム・遊水地などを含む貯留や浸透（一部は事前放流）で対応し、残りを
土地利用や移転などによる対策で、また、それでも生じる氾濫については避
難対策や被害の軽減策を講じるプロジェクト管理を着実にすることになりま
す。このプロジェクトは長期間に及びますから、プロジェクトの中間段階で
の被害対応は重要で、避難体制や避難計画・誘導や実施が流域治水の経営と
して肝要になります。公共事業が建設からリスク管理や避難管理の緊急事態
対応のマネジメントに変換することが途中で求められる認識が必要です。した
がって、主たる担当・責任は時間軸と災害時で河川管理者から災害管理者に替
わる可能性がでてきます。

政策の経営に関する３つのアプローチ

流域治水という新しい考え方の検討とこれまでの考察から導かれること

は、政策と経営について次の3つのアプローチを状況に応じて適用することになります。第一は、政策と経営のイノベーションです。流域治水も氾濫リスクに関する考え方の変更（完全な氾濫防止でなく被害の軽減をめざす）であり、堤防・ダム等のハードと土地利用や避難等のソフトの政策の「新結合」といえます。そして、この新結合を協働で実現しようとしています。新型コロナも我々の生活に大きな影響を与えていますが、ワクチン開発は死亡者の減少に寄与していることは確かです。スペイン風邪では世界全体で5千万人から1億人が死亡したといわれていますが、新型コロナの死亡者は2022年8月時点で約640万人と約1/10になっています。医療技術のイノベーションが対策として効果があることは確かです。もちろん、常に政策のイノベーションが起こるとは限らず、時間的に間に合わないこともあります。

　その時に有効なのは、2番目の政策の経営化です。具体的には政策過程モデルにおけるアジェンダ設定、問題の構造化及び政策形成の段階をスキップできる状態にすることです。このことは、3つの段階を経ないというのでなく、3段階の検討後、制度や設計の創意工夫で政策決定、実施及び評価のいわばP,D,Cの経営サイクルを廻すという経常的なシングル・ループにもってくる戦略です。流域治水も調整能力及び貯留能力を高めるダムの事前放流合意や霞提の整備及び避難体制が完了して、初めて気候変動に対応した洪水対策が有効に機能します。事前放流や貯留・浸透の計画は関係行政機関で調整可能かもしれませんが、氾濫が想定される際に地域住民が適切な避難行動を取る必要があります。そのためには定期的な訓練や事前防災・減災対策の点検・進捗状況の把握と見直しが求められます。計画時の整備水準に到達するには長い時間が必要であり、その間に洪水が発生する可能性があり、整備途中段階での減災や被害軽減のための緊急対応や避難を考えておかねばなりません。まさに行動計画にある「防災・減災の日常化」です。毎日生起しないリスク現象に対して日常的・経常的に対処することが「政策の経営化」です。公的な健康保険や年金保険は、病気や長生きのリスクに対して国民皆保険制度でカバーすることで、日常的にその負担を気にせずに生活できることを可

能にしてくれます。経営化とは改めて問題の原因や構造を吟味して解決策を検討しなくても既に確定した解決策を実行していくことです。もちろん、経営化で問題が解決できない事態になれば、政策の再検討というダブル・ループに戻ることになります。

　3番目は、脱アジェンダ化です。政府を含む主要アクターが協働で問題に取り組むにせよ、資源制約からすべてのアジェンダを公共政策の課題として扱うことはできません。加えて社会環境の変化から新しい問題がどんどん生まれてきます、したがって、公共政策のアジェンダとして他の主体に問題解決を委ねたり、より重要なアジェンダが生まれてきたときにはアジェンダから外したり、優先度を低くすることが求められます。もちろん、これを可能にするには従来のアジェンダにつき政策である程度の解決の目途がつくことが必要です。新型コロナウィルス感染症の対策をどうするかは各国で違いがあります。英国のような規制撤廃で他の病気と同様に扱うという政策変換は、特別の感染症としての疾病対策をしないということです。つまり、脱コロナ感染症管理に転じ、無料の検査も全数管理もやめています。毎日の感染者数の全数把握をせず推計計算に移行するのは、季節性インフルエンザと同じ処理になります。感染者数の検査による全数把握をしないということは、形式的には感染者数の毎日のカウントや公表をやめるということで感染症の情報を提供せず関心から遠ざけることになります。もちろん脱アジェンダ化は、ひそかに感染が拡大し事後的に甚大な問題（遅れたアジェンダ化）を起こす可能性もあり、規制撤廃が他の優先的政策の採用や全体の公共の福祉改善につながるか慎重に結果を追跡する必要があります。

　ただし、注意しなければいけないのは、どの自治体も市民（住民）との協働を掲げ、政策や経営を推進しているとしていますが、すべての政策やその実施を協働で行えばよいということではありません。行政が公権力を行使して税を賦課・徴収したり、一定の要件に該当する家計に手当を支給するなどの政策は、行政が自ら責任をもって法令にしたがって実施しなければなりません（NATO）。政策のメカニズムとして市民の関与が必要なこと、あるいは、

そのことが成果を確保したり高めるため不可欠な場合には、誘導・誘因・学習や理解を通じた行政と市民の協働は有効です（NATOS）。その際、負の効果の可能性[77]やその影響への対策を講じることも重要です。

　なお、本著では紙幅の制約から取り上げることができなかった地域における社会的共通資本（ソーシャル・キャピタル）やガバナンスも政策と経営に重要な要素です。稿を改めて検討したいと思います。

77　協働による負の可能性とは、義務的な協働による形式化や全体の調整をだれがするか責任の所在があいまいになることである。

参考文献

荒木昭次郎（1990）.『参加と協働』ぎょうせい.

秋吉貴雄・伊藤修一郎・北山俊哉（2020）.『公共政策学の基礎（第3版）』, 有斐閣.

Argyris, C. and D. Schön（1996）. *Organizational learning: a theory of action perspective*, New York: McGraw-Hill.

Askim, J.（2007）. How Do Politicians use performance information? An analysis of the Norwegian local government experience, *International Review of Administrative Sciences*, 73（3）:453-472.

--- (2009). The Demand Side of Performance Measurement: Explaining Councillors' Utilization of Performance Information in Policymaking, *International Public Management Journal*,12（1）:24-47.

Barzelay, M.（1996）. Performance Auditing and the New Public Management: Changing Roles and Strategies of Central Audit Institutions in OECD（ed）. *Performance Auditing and the Modernisation of Government*, 15-56.

Baumgartner, F.R. and B. D. Jones（1993）. *Agendas and Instability in American Politics*. Chicago：The University of Chicago Press.

Bobrow, D. and J. S. Dryzek（1987）. *Policy Analysis by Design*, Pittsburgh: University of Pittsburgh Press（重森臣広訳『デザイン思考の政策分析』昭和堂,2000年）.

Boston, J., J. Martin, J. Pallot and P. Walsh（1996）. *Public Management: The New Zealand Model*, Oxford: Oxford University Press.

Cohen, M,D.,J.G., J. G. March and J.P. Olsen（1972）.A Garbage Can Model of Organizational Choice. *Administrative Science Quarterly*.17:1-25.

deLeon, P. and L. deLeon（2002）. What Ever Happened to Policy Implementation? An Alternative Approach, *Journal of Public Administration Research and Theory*, 12（4）:467-492.

DiMaggio, P.J. and W.W. Powell（1983）. The Iron Cage Revisited: Institutional Isomorphism and Collective Rationality in Organizational Fields, *American Sociological Review*,48:147-160.

Dunleavy, P., H. Margetts, S. Bastow and J. Tinker（2006）. New Public Management is dead - long live digital-era governance, *Journal of Public Administration Research and Theory*, 16（3）:467-494.

Dunn, W.N.（1982）. Reforms as Arguments. *Knowledge: Creation, Diffusion, Utilization*, 3:293-326.

--- （2012）. *Public Policy Analysis: An Introduction*. Boston: Pearson.

Fischer, F.（1980）. *Politics, Values, and Public Policy: The Problem of Methodology*. Boulder: Westview.

Forester, J.（1983）. What Analysts Do in W. N. Dunn（ed）.*Values, Ethics, and the Practice of Policy Analysis*, 47-62, Lexington: Lexington Books.

Friedland, R. and R.R. Alford（1991）. Bringing Society Back in: Symbols, Practices, and Institutional Contradictions in Powell, W.W. and P.J. DiMaggio（eds.）. *The New Institutionalism in Organizational Analysis*, Chicago: University of Chicago Press.

Goverment Accountability Office（2022）. *Trends: Affecting Government and Society*. GAO-22-3SP.

Goldfinch, S. and K. Yamamoto（2018）.Citizen Perception of Public Management: Hybridization and Post-New Public Management in Japan and New Zealand. *Australian Journal of Public Administration*, 78（1）:79-94.

Goldstein, J.（1993）. *Ideas, Interests, and American Trade Policy*, New York：Cornell University Press.

Green-Pedersen, C. and S. Walgrave（2014）. *Agenda Setting, Politics, and Political Systems: A Comparative Approach*. Chicago：The University of Chicago Press.

Gulick, L. and L. Urwick（1937）. *Papers on the Science of Administration*, New York: Public Administration Clearing House.

Hacker, J.S.（2004）. Privatizing Risk without Privatizing the Welfare State: The Hidden Politics of Social Policy Retrenchment in the United States, *American Political Science Review*, 98（2）:243-260.

Haidt, J.（2012）.*The Righteous Mind: Why Good People Are Divided by Politics and Religion*. New York: Pantheon Books.

Hambrick, R.S., Jr.（1974）. A Guide for the Analysis of Policy Arguments, *Policy Sciences*, 5:469-478.

林嶺那（2021）.「管理に関する公民比較：大規模アンケート調査を用いた実証分析」
『行政社会論集』33（2/3）:33-69.

Hirshman, A.O.（1970）. *Exit Voice and Loyalty: Responses to Decline in Firms, Organization and States*, Cambridge: Harvard University Press.

Hood, C.（1976）. *The Tools of Government*. Chatham: Chatham House.

---（1991）. A public management for all seasons?, *Public Administration*, 69（1）:3-19.

Hood, C. and H. Margetts（2007）. *Tools of Government in a Digital Age*. Basingstoke: Macmillan.

Hoppe, R.（1999）. Policy analysis, science and politics: from 'speaking truth to power' to 'making sense together', *Science and Public Policy*, 26（3）:201-210

Howlett, M.（2000）. Managing the 'Hollow State': Procedural Policy Instruments and Modern Governance, *Canadian Public Administration*, 43（4）:412-431.

石田雄大・秋山英三（2021）.「時間制約を導入したゴミ箱モデル」『人工知能学会論文誌』36 巻 5 号:1-8.

伊藤修一郎（2020）.「公共政策の実施」秋吉貴雄・伊藤修一郎・北山俊哉『公共政策学の基礎（第 3 版）』有斐閣.

Jenkins-Smith, H.C. and P.A. Sabatier（1999）. The advocacy coalition framework: an assessment in P. A. Sabatier（ed）. *Theories of the Policy Process*. Boulder: Westview.

人事院（2021）.『令和 3 年　公務員白書』.

Jones, C. O.（1984）. *An Introduction to the Study of Public Policy*, 2nd Edition, Monterey: Brooks-Cole.

Kahneman, D.（2011）. *Thinking, Fast and Slow*, London：Macmillan.

鎌田高造（2009）.「基盤地図情報のグランドデザインについて」『地図』44（3）:9-14.

Kingdon, J. W.（1984）. *Agendas, Alternatives and Public policies*. New York: Longman.

合田哲雄（2022）「「橋本行革からデジタル臨調」と大学政策」『大学マネジメント』,17（12）:33-51.

兼村高文（2016）.『市民参加の新展開　世界で広がる市民参加予算の取組み』イマジン出版.

環境省（2022）.「環境省ナッジ事業の結果について」

北川正恭（1998）.「三重県における行政改革」『日本公共政策学会年報 1998 セッショ

ン3「分権化と地方改革」1-23.

Kuroki, M., K. Yamamoto and S. Goldfinch（2022）. Factors Influencing the Adoption of Voluntary Nonpharmaceutical Interventions to Control COVID-19 in Japan: Cross-section Study, *JMIR Form Res*,6（8）:e34268.

Langella, C., E. Anessi-Pessina, B. N. Redmayne, and M. Sicilia（2021）. Financial reporting transparency, citizens' understanding, and public participation: A survey experiment study. *Public Administration*,1-20. https://doi.org/10.1111/padm.12804.

Lasswell, H. D.（1936）. *Politics: Who Gets What When, How*. New York: McGraw-Hill.

---（1956）. *The Decision Process; Seven Categories of Functional Analysis*. College Park: University of Maryland.

Lindblom, C. E.（1959）. The Science of Muddling Through, *Public Administration Review*,19:79-88.

Lipsky, M.（1980）. *Street-level Bureaucracy: Dilemmas of the Individual in Public Services.* New York: Russel Sage.

Loeffler, E.（2021）. *Co-Production of Public Services and Outcomes*. London：Palgrave Macmillan.

March, J.G. and J.P. Olsen（1995）. *Democratic Governance*, New York: Free Press.

Moore, M. H.（2013）. *Recognizing Public Value*, Cambridge: Harvard University Press.

宮川公男（1994）.『政策科学の基礎』東洋経済新報社.

---（2010）.『意思決定論』中央経済社.

宮川公男・山本清（2001）.『パブリック・ガバナンス』日本経済評論社.

三菱 UFJ リサーチ・コンサルテイング（2021）.「令和2年度　自治体経営改革に関する実態調査報告」

村松岐夫（2010）.『政官スクラム型リーダーシップの崩壊』東洋経済新報社.

中村征之（1999）.『三重が、燃えている』公人の友社.

日本財団（2018）.「家庭の経済格差と子どもの認知・非認知能力格差の関係分析」

小田勇樹（2016）.「公務員の知識・技能と組織の業績 - ポジションシステムにおける中途採用の運用実績 -」慶応大学学位論文（博士）

OECD（2014）.*Recommendation of the Council on Digital Government Strategies.*

Paris: OECD.

---（2016）.*Supreme Audit Institutions and Good Governance: Oversight, Insight and Foresight*, Paris: OECD.

---（2020）.*The OECD Digital Government Policy Framework: Six dimensions of a Digital Government*, Paris: OECD.

大西正光・竹之内健介・本間基寛・金井昌信（2019）.「気象情報のサービスプロセスにおける官民の役割」『災害情報』17（2）:191-199.

大竹文雄・坂田桐子・松尾裕太（2020）.「豪雨災害時の早期避難促進ナッジ」『行動経済学』13:71-93.

Osborne, S.（2006）. The New Public Governance?, *Public Management Review*, 8（3）:377-387.

Ostrom, E.（1990）. *Governing the Commons: the Evolution of Institutions for Collective Action*, Cambridge: Cambridge University Press.

Palumbo, D. J. and D. Nachmias（1983）. The Preconditions for Successful Evaluation: Is there an Ideal Paradigm?, *Policy Sciences*, 16:67-79.

Pawson, P.（2006）. *Evidence-Based Policy: A Realist Perspective*, London: Sage.

Peters, B. G.（2001）. *The Future of Governing: Four Emerging Models*, 2nd edn, Lawrence: University of Kansas Press.

---（2015）.*Advanced Introduction to Public Policy*. Cheltenham: Edward Elgar.

Peters, B.G. and M. Tarpey（2019）. Are wicked problems really so wicked? Perceptions of policy problems, *Policy and Society*, 38（2）:218-236.

Pierre, J.（2000）. *Debating Governance: Authority, Democracy, and Steering*, Oxford: Oxford University Press.

Pollitt, C.（2013）. *Context in Public Policy and Management: The Missing Link?*, Cheltenham: Edward Elgar.

Pollitt, C., X. Girre, J. Lonsdale, R. Mul, H. Summma, and M. Waerness（1999）. *Performance or Compliance? Performance Audit and Public Management in Five Countries*, Oxford: Oxford University Press.

Pollitt, C. and G. Bouckaert（2017）. *Public Management Reform: A Comparative Analysis into the Age of Austerity*, 4th edn, Oxford: Oxford University Press.

Pressman, J. L. and A. Wildavsky（1973）. *Implementation*, Berkeley: University of California Press.

Putnam, R.（1993）. *Making Democracy Work: Civic Traditions in Modern Italy*, Princeton: Princeton University Press.

Rawls, J.（1971）.*A Theory of Justice*. Cambridge: Harvard University Press.

Rein, M.（1983）. Value-Critical Policy Analysis in D. Callahan and B. Jennings（eds.）. *Ethics, The Social Sciences, and Policy Analysis*, 83-111, New York: Plenum.

Rhodes, R. A. W.（1994）. The Hollowing Out of the State: The Changing Nature of the Public Service in Britain, *The Political Quarterly*, 65:138-151.

---（1997）.*Understanding Governance: Policy Networks, Governance, Reflexibility and Accountability*, Buckingham: Open University Press.

Rittel, H.W.J. and M. M. Webber（1973）.Dilemmas in the general theory of planning. *Policy Sciences*,4:155-169.

Roberts, N.（2000）.Wicked Problems and Network Approaches to Revolution, *International Public Management Review*,1（1）:1-19.

Saint-Martin, D.（1998）. The New Managerialism and the Policy Influence of Consultants in Government: An Historical-Institutionalist Analysis of Britain, Canada and France, *Governance*, 11（3）:319-356.

Salamon, L.M.（2002）. *The tools of government: A guide to the New Governance*, Oxford: Oxford University Press.

佐々木周作・齋藤智也・大竹文雄（2021）.「ワクチン接種の後押し：自律的な意思決定を阻害しないナッジ・メッセージを目指して」RIETI Discussion Paper Series 21-J-023.

Schick, A.（1973）. A Death in the Bureaucracy: The Demise of Federal PPB, *Public Administration Review*,33,146-156.

---（1996）. *The Spirit of Reform: Managing the New Zealand State Sector in a Time of Change,* Wellington：Public Service Commission.

Schmidt, V.A.（2002）. *The Futures of European Capitalism*, Oxford: Oxford University Press.

Schneider, A.L. and H. Ingram（2005）. *Deserving and entitled: Social constructions and public policy*, New York: State University of New York.

Schön, D.A. and M. Rein（1994）. *Frame Reflection: Solving Intractable Policy Disputes*. New York: Basic Books.

嶋田博子（2020）.『政治主導下の官僚の中立性 - 言説の変遷と役割担保の条件 -』慈

学社出版.

Simon, H.A.（1947）. *Administrative Behavior*, New York：Macmillan.

総務省（2021）.『政策評価基礎資料集』

Stone, D.A.（1989）. Causal Stories and the Formation of Policy Agenda, *Political Science Quarterly*, 104:281-300.

高橋克紀（2021）.『実務経験者と考える自治体の政策実施過程』コスモフラワー.

高橋済（2022）.「感染症と経済学 - "3年目"を迎えて -」『ファイナンス』令和4年4月号:76-85.

竹内啓（2018）.『歴史と統計学：人・時代・思想』日本経済新聞出版.

田尾雅夫・久保真人（1996）.『バーンアウトの理論と実際 - 心理学的アプローチ』誠信書房.

Thornton, P.H., W. Ocasio and M. Lounsbury（2012）. *The Institutional Logics Perspective: A New Approach to Culture, Structure, and Process*. Oxford: Oxford University Press.

Vedung, E.（1998）. Policy Instruments: Typologies and Theories in M. L. Bemelmans-Videc, R.C. Rist and E. Vedung（eds.）. *Carrots, Sticks and Sermon*, Piscataway: Transaction Publishers.

Yamamoto, K.（2008）.What matters in legislators' information use for financial reporting? in Jorge, S.（ed）*Implementing Reforms in Public Sector Accounting*, Coimbra: Coimbra University Press.

Yamamoto, K. and M. Kobayashi（2010）. Utility of Accrual Information in a Dual Financial Management System. Paper prepared for Annual Conference of the International Association of Schools and Institutes of Administration, Bali, 12-17 July 2010.

山本清（1994）.「住民選好と自治体経営」『地方自治研究』19（1）:25-36.

---（1996）.『政府部門の業績主義人事管理』多賀出版.

---（2001）.『自治体経営と政策評価』公人の友社.

---（2015）.「公的部門のPDCAサイクルの再検証（2）」『会計と監査』66（4）:20-25.

---（2018）.「「証拠に基づく政策立案」の課題と展望」『大学経営政策研究』, 第8号:217-230.

---（2021）.「公営企業の経営モデル」鈴木豊・山本清編著『事業別　地方公営企業の経営・財務戦略』中央経済社.

山浦久司（2021）.『地方公共団体の公会計制度改革』税務経理協会.

和田明子（2000）.『ニュージーランドの市民と政治』明石書店.

---（2007）.『ニュージーランドの公的部門改革 -New Public Management の検証 -』第一法規出版.

ウェーバー・マックス（阿閉吉男訳『官僚制』恒星社厚生閣,1987 年）.

梅木久夫・加藤尊秋（2013）.「地域コミュニテイ防災における消防団活動の役割に関する研究—北九州市における調査－」『日本火災学会論文集』63（1）:17-23.

あとがき

　良い政策ができても、実施がうまくいかないと政策の効果は少なく失敗します。逆に、実施はうまくいっても政策が悪いと効果は限定されます。したがって、政策、経営の両方に配慮することが重要です。2回目の東京オリンピックで再度注目をあびた代々木体育館は故丹下健三氏の設計で有名ですが、梁無の空間を可能にしたのは屋根を支える鋼線の難しい施工でした。まさに設計は政策に、施工は実施に相当します。実施を効率的にかつ確実に行う経営と政策の二つを同じ土俵で描き、統合を目指したいという気持ちが本書を書かせた動機です。

　行政や財政の実務の2倍の研究生活の経験をした現在、教育以外に社会に対して何らかの貢献をしたいと考えてきました。国や自治体の審議会・研究会の委員などは可能な限り引き受けていますが、なかなか自己の意見が十分反映されることは難しいです。それは本著の政策形成をお読みいただいた方には理解されるかもしれませんが、一定の問題構造を把握する枠組み（フレーム）で選択される手段は限定されるからです。むしろ、政策過程モデルとは逆で先に解が決まっていてそれを合理化するという場合が少なくありません。また、経営では資源の制約、特に組織・人事制度との関係から最適な解は採用されないこともあります。

　本著ではこうした「非合理的」な政策や経営がどうしてうまれるかを明らかにするとともに、いかに民主的・効果的・効率的な社会問題の解決をしていくかについて理論及び処方について述べてきました。まだまだ十分でないところも多いと思いますが、読者の皆様のご支援をいただければ改訂してい

きたいと考えております。

　刊行に至るまでさまざまの方にご支援いただき、また、お世話になりました。とりわけ宮川公男先生（一橋大学名誉教授・麗澤大学名誉教授）からは政策科学の基礎から応用までを先生が代表の科研費等の各種研究プロジェクトを通じてお教えいただきました。また、海外の研究者との交流を可能にしたのもプロジェクトを介してであり、今は亡きクリストファー・ポリット氏（最後のポストはルイベン大学教授）からは多くの学びと刺激を受けました。約20年前に当時おられたロッテルダムのエラスムス大学の研究室を訪問した記憶は今でも鮮明に覚えています。氏も以前は英国の国家公務員をしていてブリューネル大学に転じた職歴から話が合い1時間の約束が2時間になり、その後の共同研究や彼が編集長の学術誌の編集委員をやることになりました。日本ではブッカート教授との共著 Public Management Reform（Oxford University Press,2017）が有名ですが、公務員制度、評価研究、エージェンシー、大学経営及び会計検査制度など関心領域が重なる点が多く、温かくも批判精神を失わないで事象を見ることを海外での学会でお会いするたびに学ぶことができました。本著で、やや刺激的な内容があっても抑制的に述べている点があれば、ポリット氏の影響と思います。

　出版に当たっては、20年前の出版を記憶されていて環境が厳しい中お引き受けいただいた公人の友社長　武内英晴様にお世話になり厚く感謝申し上げます。最後に、現在の勤務先で良い環境を与えていただいている鎌倉女子大学の学長福井一光先生そして家族に感謝します。

　2022年秋

山本　清

〔著者紹介〕

山本　清〔やまもと　きよし〕

1953 年　生まれ
京都大学工学部卒業、博士（経済学）
会計検査院、岡山大学、東京大学
教授等を経て
現在：鎌倉女子大学教授、東京大学名誉教授、国際公会計学会会長
専攻：政府・大学の経営学
著書：『自治体経営と政策評価』（公人の友社）
　　　『パブリック・ガバナンス』（共著・日本経済評論社）
　　　『アカウンタビリティを考える』（NTT 出版）他

これからの政策と経営
危機の時代を希望の未来へ

2022 年 11 月 22 日　第 1 版第 1 刷発行

著　者　　山本　　清
発行人　　武内　英晴
発行所　　公人の友社
　　　　　〒 112-0002　東京都文京区小石川 5-26-8
　　　　　TEL 03-3811-5701　FAX 03-3811-5795
　　　　　e-mail: info@koujinnotomo.com
　　　　　http://koujinnotomo.com/
印刷所　　モリモト印刷株式会社

ISBN978-4-87555-886-6